Comida italiana

I0892188

Grupo Editorial Tomo, S.A. de C.V.
Nicolás San Juan 1043
03100 México, D.F.

Todas las recetas han sido probadas dos veces por nuestro equipo de economistas domésticos. Cuando probamos nuestras recetas, las evaluamos en cuanto al grado de dificultad de su preparación. Las siguientes categorías aparecen en el libro, haciendo su uso más fácil y comprensible.

Un solo símbolo indica que la receta es muy sencilla y generalmente fácil de hacer, perfecta para principiantes.

Dos símbolos indican que se necesita un poco más de tiempo y cuidado para hacer la receta.

Tres símbolos indican platillos especiales, que necesitan una inversión mayor de tiempo, cuidado y paciencia; pero los resultados lo valen.

© Cooking Italian
Publicado por Murdoch Books una división de Murdoch Magazines Pty Limited,
GPO Box 1203, Sydney NSW 1045

© 2005, Grupo Editorial Tomo, S. A. de C. V.
Nicolás San Juan 1043, Col. Del Valle 03100 México, D. F.
Tels.: 5575-6615, 5575-8701 y 5575-0186 Fax: 5575-6695
http: //www.grupotomo.com.mx
ISBN: 970-775-038-3
Miembro de la Cámara Nacional
de la Industria Editorial No. 2961

Traducción: Ivonne Saíd Marínez
Diseño de portada: Emigdio Guevara
Formación tipográfica: Servicios Editoriales Aguirre, S. C.
Supervisor de producción: Leonardo Figueroa

Impreso en México – *Printed in Mexico*

CONTENIDO

Queso ricotta al horno, página 16

Rollos de pimiento, página 38

Puerco con salsa de crema y mostaza, página 55

Risotto de calabaza y zanahoria, página 62

EL SABOR DE ITALIA

Decir que la comida es importante para los italianos es quedarse corto. Les gusta comer y los alimentos se preparan con gran orgullo y cariño como celebración diaria de la familia, que es parte básica de su cultura. La cocina italiana que conocemos hoy en día es producto de muchas regiones culinarias de todo el país. Aunque hay elementos en común, la ubicación geográfica, el clima y las influencias externas de cada área la hacen única. La pasta y el risotto son conocidos en toda Italia, pero los ingredientes que les dan sabor varían, según la región donde se coma. Por lo general, el queso y la mantequilla siguen usándose en gran medida en el norte de Italia, lo que refleja la cercanía con sus vecinos de Suiza y Austria, aficionados a los productos lácteos. Hacia el sur, el aceite de oliva, los jitomates y el pescado, determinan la dieta mediterránea.

Muchas regiones se enorgullecen de tener una especialidad famosa, cuya preparación es una tradición celosamente guardada que se transmite de generación en generación, y en algunos casos está protegida por la ley. El queso parmesano es un buen ejemplo de ello. Aunque en la actualidad existen muchas variedades, el más famoso es el Parmigiano Reggiano, que proviene de un área perfectamente definida que se encuentra en la ciudad de Parma (también famosa por su jamón). La autenticidad del Reggiano está avalada por el sello que tiene en su corteza. El hecho de que muchos platillos porten el nombre de la ciudad o región donde se comieron por primera vez, como el espagueti a la napolitana (Nápoles) o a la boloñesa (Boloña), indica hasta qué grado los italianos se identifican con su legado culinario.

¿Y eso a dónde nos lleva? Por fortuna, a la posibilidad de disfrutar de lo mejor que nos ofrece Italia. Los restaurantes italianos son famosos desde hace algunos años y, a pesar de la proliferación de las pizzas y las pastas, gozan de buena aceptación. Y no sólo para ocasiones especiales, pues hoy la cocina italiana forma parte de nuestra vida diaria. Comemos un bisquet con nuestro café expreso con leche en las mañanas, en la comida disfrutamos de una pizza con mozzarella y proscuitto, y en la cena nos deleitamos con un plato de espagueti con pesto.

Preparar comida italiana en casa es una experiencia sencilla y agradable, pues en los supermercados se encuentra una vasta selección de ingredientes. La clave de un buen platillo italiano es la frescura. Sólo se conforman con lo mejor y ningún cocinero

italiano consideraría la opción de preparar un platillo sin ingredientes frescos y de buena calidad. Así que si no cuentas con ellos, entonces prepara otra cosa. Ingredientes básicos que tienes en la alacena, como jitomates enlatados, anchoas, paquetes de pasta, arroz arborio y aceite de oliva son la base; las verduras frescas y las hierbas subliman los platos. Las hierbas frescas son las favoritas de la cocina italiana, que por lo general se cosechan en los alrededores y llenan canastas. La albahaca se emplea para darle mejor sabor a los alimentos preparados con jitomates y pasta, mientras que el perejil italiano, la variedad de hoja lisa, les añade aroma. Las verduras como las calabazas zucchini, la berenjena, los jitomates, las alcachofas y los pimientos, son ricas y nutritivas.

Y hablando de nutrición, la mediterránea se promueve como la dieta ideal, ahora que el aceite de oliva es venerado y no repudiado. Por suerte, no es aburrida ni poco apetecible, sino que está conformada por platillos que combinan dos ingredientes que verdaderamente hacen agua la boca: la salud y la felicidad.

Aunque en la actualidad nos hemos acostumbrado a considerar la pizza y la pasta como comidas completas, los platillos italianos son una verdadera obra de arte. Empezamos con el antipasto, que significa "antes de la comida", y cuya intención es despertar al paladar y no satisfacer el estómago. Un antipasto puede consistir en una selección de mariscos marinados, aromáticas ensaladas y frittata, o un sencillo plato de prosciutto con higos maduros y jugosas rebanadas de melón. La única regla de oro, como siempre, es que abunde la frescura. Enseguida vienen los *primi piatti* o "primeros platos"; su variedad es infinita, pero la mayor parte de las veces es una deliciosa sopa italiana (Minestrone es la más conocida), pasta, polenta o risotto. En general, no estamos acostumbrados a consumir almidones ni carbohidratos antes del platillo principal, pero resulta práctico en un país en el que la carne es escasa y costosa. Situación que también explica la maravillosa sencillez de los platos italianos de carne o pescado.

Los vegetarianos y las personas que no comen carne roja se identifican muy bien con la comida italiana. Ingredientes como la polenta, el arroz y la pasta, satisfacen, y cuando se acompañan con frijoles, mariscos y verduras frescas, son muy nutritivos. La gran mayoría de las comidas italianas termina con una simple pieza de fruta fresca; sin embargo, para equilibrar tantos alimentos sanos, los italianos también dan rienda suelta a lo dulce y cuentan con una amplia variedad de fabulosos postres, pasteles y galletas. Su gelato y otros postres fríos, como la granita y la cassata, son muy famosos. Es cierto que el tiramisu se prepara hasta el cansancio en los restaurantes de moda, pero ¿a quién le importa? Su sabor sigue siendo maravilloso, como el de toda la comida italiana.

GLOSARIO DE INGREDIENTES

Muchos de los ingredientes de la cocina italiana son conocidos, aunque algunos se pusieron de moda hace sólo algunos años. La mayoría está disponible en el supermercado o en tiendas delicatessen. La regla de oro es comprar siempre la mejor calidad.

ANCHOA

Es un pescado pequeño de la familia del arenque, de carne ligeramente aceitosa y de sabor fuerte. Las anchoas se comen frescas, aunque es poco común encontrarlas fuera de los puertos mediterráneos, pues el pescado es delicado y debe comerse o procesarse rápido. Es fácil encontrarlas en forma de filetes salteados o marinados en aceite, enlatados o envasados.

ARROZ ARBORIO

Recibe su nombre de la pequeña ciudad ubicada en la región Piedmont, en el norte de Italia, donde se cultiva. Es de grano corto y aperlado, y se emplea en platillos dulces o salados. El arroz arborio es idóneo para preparar risotto, pues absorbe gran cantidad del líquido de la cocción y se vuelve tierno y cremoso, pero no muy suave.

CORAZONES DE ALCACHOFAS

Son los centros carnosos o "corazones" de la cabeza de la alcachofa. Pueden adquirirse enteros o en cuartos, enlatados o envasados, marinados o en salmuera.

VINAGRE BALSÁMICO

Es un vinagre de color oscuro y sabor fuerte, agridulce, de consistencia ligeramente espesa y se emplea en aderezos para ensaladas, salsas o para marinar carne. Los vinagres balsámicos se fabrican en Modena, Italia, a partir de uvas blancas (trebbiano) fermentadas. Se añejan en barriles de madera por un mínimo cinco años y a veces hasta cien. El precio y la calidad varían considerablemente, según la edad.

BOCCONCINI

Su presentación es en forma de pelotas, como una versión más pequeña del queso mozarella y con frecuencia se conoce como "baby mozarella". Originalmente, se fabricaba en la parte sur de Italia con leche de búfalo, pero hoy en día se hace con leche de vaca. La preparación de este queso fresco dura 24 horas, es de color blanco, suave, y tiene un sabor ligeramente dulce. Para conservarlo húmedo, debe guardarse en el suero con el que se vende.

ALUBIA BORLOTTI

Es un frijol en forma de riñón, de color rosado pálido con manchas en tono café, de textura lisa y ya cocido sabe a jamón; se usa en sopas, guisados y ensaladas. Se compra seco, enlatado o fresco, cuando es temporada.

ALUBIA CANNELLINI

Es un frijol blanco en forma de riñón, que también se conoce como frijol italiano, de sabor suave y textura ligeramente esponjosa cuando se cuece; es un frijol toda ocasión que se emplea en sopas, guisados y ensaladas. Se compra seco o enlatado.

ALCAPARRAS

Son capullos cerrados, color verde olivo, de la flor de un arbusto con espinas originario del Mediterráneo, del Medio Oriente y del norte de África. Se venden en vinagre o empacadas en sal. El sabor de las alcaparras es muy agrio; se emplean en salsas, aderezos para ensaladas y como acompañamiento del salmón ahumado. Las alcaparras que vienen en sal deben lavarse muy bien antes de usarse.

FONTINA

Catalogado por los conocedores como uno de los seis mejores quesos del mundo, el fontana es un queso semiduro, de textura cremosa y sabor ligeramente dulce y almendrado. Por lo general, se sirve en platillos italianos, fundido sobre polenta.

ÑOQUIS

Son bolitas suaves que se preparan con masa de sémola o papa, y a veces se les da sabor con espinacas, calabaza o queso. No confundir con la pasta seca del mismo nombre.

MASCARPONE

Es un queso crema suave y fresco, de sabor ligeramente agrio, originario de Lombardía. Puede comerse con fruta y se utiliza mucho en la cocina italiana, por lo general en postres y quesos.

MOZZARELLA

Es un queso blanco, de sabor suave y ligeramente dulce. En Italia, se come fresco en una sencilla ensalada de jitomate y aceitunas negras, pero es más famoso por su utilización en pizzas.

ACEITE DE OLIVA

Su color va del amarillo claro al verde oscuro, es un aceite mono-nosaturado que se obtiene de las aceitunas prensadas; es de sabor frutal y se emplea para freír y en aderezos para ensaladas.

El aceite de oliva extra virgen se prensa en frío y resulta del primer prensado de las aceitunas; es de sabor fuerte y color verde oscuro.

El aceite de oliva virgen se obtiene del segundo prensado de las aceitunas y es de sabor ligeramente más suave y color más claro.

El aceite de oliva ligero es producto de los subsiguientes prensados y por lo general se calienta durante el proceso de extracción. Es de sabor muy suave y de color claro, mas no bajo en grasa, como a veces se cree por el nombre.

PANCETTA

Es tocino no ahumado que se extrae de la panza del cerdo y que se cura con especias. Por lo general, se vende en forma de rollo, como el chorizo, y se corta en rebanadas muy delgadas.

PARMESANO

Es un queso muy duro de leche de vaca, de sabor fuerte y penetrante, y de textura granulada. Se emplea mucho en la cocina italiana, rallado sobre los platillos o en virutas como adorno. Siempre compra un trozo de parmesano en tiendas delicatessen y rállalo conforme lo necesites, no uses los paquetes de parmesano que ya viene rallado. La variedad que tiene el nombre "Parmigiano Reggiano" en la etiqueta es el de calidad superior, claro que ésta se refleja en el precio, pero vale la pena.

PECORINO

Es un requesón de leche de oveja disponible en dos variedades: el romano, que es un queso duro que se ralla, parecido al parmesano; y el fresco, una versión más suave y fresca que se sirve como queso de mesa.

PIÑÓN

Es una semilla pequeña, delgada y suave de tono dorado que nace de la piña madura de cierto tipo de pinos. Por lo general, se usa para preparar rellenos, ensaladas, pasteles y galletas, pero es mejor conocido como el ingrediente principal de la salsa pesto.

POLENTA

La polenta es otro nombre con el que se designa al harina de maíz y al platillo que se hace con la misma. El plato es una avena gruesa que se come con guisados o con queso parmesano, se deja cuajar y después se asa o se fríe.

PROSCIUTTO

Es jamón italiano curado que se extrae de la pata trasera del cerdo. Se deja añejar entre ocho y diez meses, se rebana sumamente delgado y puede cocinarse o servirse crudo. El prosciutto di Parma es el jamón italiano clásico, que se obtiene de cerdos engordados con el suero que sobra de la fabricación del queso local, el Parmigiano Reggiano.

ACHICORIA

Es una verdura similar a la lechuga, de color púrpura, sabor amargo y fuerte. Se emplea cruda en ensaladas, cocida o asada, y se sirve con carne o pollo.

RICOTTA

Es un queso blanco, suave, jugoso, de sabor ligeramente dulce. Se emplea para untar, como postre con fruta, o como relleno de pasteles de queso.

ARUGULA

Es una herbácea de hojas delgadas color verde oscuro; tiene un sabor amargo y picante que complementa las ensaladas verdes. Entre más añeja y larga es la hoja, más fuerte es su sabor.

ROMANO

Es un queso duro para rallar que por lo general se prepara con leche de vaca, de textura y sabor similares al parmesano. Cuando se hace con leche de oveja recibe el nombre de pecorino romano.

JITOMATES DESHIDRATADOS

Pueden adquirirse secos, empaquetados, envasados o en aceite. Antes de usarse, la variedad seca debe rehidratarse, se deja remojar durante 10 minutos con un poco de agua hirviendo. Si prefieres los jitomates deshidratados en aceite, adquiere los que vienen en aceite de oliva, pues puedes usarlos para cocinar porque añaden sabor adicional al platillo.

ANTIPASTO

Qué manera más deliciosa de abrir el apetito que con un colorido antipasto. Literalmente el nombre significa "antes de la comida", y su tradición surgió en los prolongados banquetes del Imperio Romano. Las siguientes recetas rinden de 4 a 8 porciones, según el número de platos que se prepare.

ENSALADA DE ALUBIAS CANNELLINI

Enjuagar y escurrir 1 lata de 425g de alubias cannellini, mezclar con 1 cucharada de cebolla morada finamente picada, 1 jitomate picado, 3 anchoas picadas, 2 cucharaditas de albahaca finamente picada, 2 cucharaditas de aceite de oliva extra virgen y 1 cucharadita de vinagre balsámico. Sazonar al gusto.

FRITTATA DE ALCACHOFAS

En un sartén de teflón, calentar 30g de mantequilla, añadir 2 puerros pequeños en rodajas y 1 diente de ajo picado; cocinar hasta que los ingredientes se suavicen. Repartir de manera homogénea en la base del sartén. Batir ligeramente 6 huevos y sazonar con sal y pimienta negra al gusto. Partir los corazones de alcachofa de una lata de 100g. Vaciar los huevos en el sartén, colocar las rebanadas de alcachofa encima y espolvorear con 1 cucharadita de estragón molido. Cocinar a fuego lento hasta que cuaje (lo que tardará 10 minutos), moviendo el sartén de vez en cuando para que el huevo se distribuya uniforme. Colocar en la parrilla caliente para que la parte superior se dore un poco. Cortar en rebanadas y bañar con un poco de jugo de limón antes de servir.

En el sentido de las manecillas del reloj: Ensalada de alubias cannellini; Frittata de alcachofas; Ricotta para untar; Albóndigas italianas; Champiñones marinados

RICOTTA PARA UNTAR

Batir 200g de queso ricotta con 2 cucharadas de jugo de limón hasta que se suavice, incorporar 3 cucharadas de aceitunas negras en rodajas y 1 cucharada de jitomates deshidratados picados. Colocar en un tazón y espolvorear con 1 cucharada de cebollín picado. Servir con pan italiano crujiente.

ALBÓNDIGAS ITALIANAS

Combinar 250g de carne molida de res, una cebolla chica rallada, 1 diente de ajo machacado, ½ taza de pan blanco molido, 3 cucharadas de aceitunas negras picadas, 1 cucharadita de orégano molido, 1 cucharada de perejil picado finamente, y sal y pimienta al gusto. Mezclar todo muy bien con las manos y con una cucharadita copeteada de carne, hacer las bolitas. En un sartén, calentar un poco de aceite y freír las albóndigas por tandas hasta que queden bien doradas.

CHAMPIÑONES MARINADOS

Lavar 315g de champiñones pequeños, secar con toallas de papel y partir a la mitad (los champiñones nunca se sumergen en agua para lavarse porque quedan muy mojados). Colocarlos en un tazón, añadir 3 cebollas de cambray rebanadas finamente y 1 tallo de apio picado, mezclar bien. Incorporar 1 diente de ajo machacado, 3 cucharadas de aceite de oliva extra virgen, 2 cucharadas de jugo de limón y 1 cucharada de cebollín picado. Refrigerar 4 horas para que los sabores se combinen; servir a temperatura ambiente.

Nota: Para preparar una ensalada de champiñones deliciosa, usar la misma receta de los Champiñones marinados, pero los champiñones se colocan en el fondo de una ensaladera grande. Encima, poner hojas partidas de lechuga o una combinación de otras hojas para ensaladas, mezclar bien justo antes de servir. Quizá se necesite más aderezo (marinado), según la cantidad de lechuga que incluya la ensalada.

ANTIPASTO

CARPACCIO

A un trozo de 400g de filete de res, quitar la grasa visible y los nervios. Congelar durante 1-2 horas, hasta que esté firme pero no congelado (esto facilita el cortado fino). Partir rebanadas muy finas de carne con un cuchillo grande y filoso; colocar en un platón y dejar enfriar a temperatura ambiente. Bañar con 1 cucharada de aceite de oliva extra virgen, esparcir hojas partidas de arugula, aceitunas negras partidas y virutas de queso parmesano. Servir a temperatura ambiente.

FRITTATA DE PASTA

En una cazuela grande con agua hirviendo, cocer 300g de espagueti hasta que esté suave, pero consistente, y escurrir bien. En un recipiente grande y con el batidor manual, batir 4 huevos; agregar ½ taza de queso parmesano rallado, 2 cucharadas de perejil fresco picado, sal y pimienta negra recién molida. Agregar el espagueti y mezclar hasta que quede bien cubierto. En un sartén grande, fundir 1 cucharada de mantequilla e incorporar la mezcla de espagueti. Tapar y cocinar a fuego lento hasta que la base quede crujiente y dorada. Vaciar en un plato, fundir otra cucharada de mantequilla en el sartén y regresar la frittata para que se fría del otro lado (no tapar, de lo contrario el acabado no quedará crujiente). Servir caliente, en rebanadas.

JITOMATES CHERRY RELLENOS

Cortar la corteza de 16 jitomates cherry, vaciar y tirar las semillas; voltear y dejar que escurran durante algunos minutos. Batir 50g de queso de cabra con 50g de queso ricotta hasta que se suavicen. Picar finamente 2 rebanadas de prosciutto, sin grasa, y mezclar con los quesos; sazonar con sal y pimienta negra molida. Con los dedos, rellenar los jitomates y refrigerar hasta antes de servir.

PROSCIUTTO CON MELÓN

Partir un melón en rebanadas delgadas y quitarle las semillas, envolver cada una con una pieza de prosciutto, bañar con un poco de aceite de oliva extra virgen y espolvorear con pimienta negra.

De izquierda a derecha: Carpaccio; Frittata de pasta; Jitomates cherry rellenos; Prosciutto con melón; Berenjena marinada

BERENJENA MARINADA

Cortar una berenjena delgada de 750g en gruesas rebanadas diagonales; colocar en un colador y rociar con abundante sal, enjuagar 30 minutos después y secar. Mezclar 3 cucharadas de aceite de oliva, 2 cucharadas de vinagre balsámico, 2 dientes de ajo machacados y 1 filete de anchoa picado; batir hasta que quede una pasta homogénea y sazonar al gusto. En un sartén de teflón grande, calentar un poco de aceite y dorar la berenjena por ambos lados. Colocar en un tazón, agregar el aderezo y 2 cucharadas de perejil picado, mezclar. Marinar durante 4 horas y servir a temperatura ambiente.

ANTIPASTO DE MARISCOS

PULPOS A LA PARRILLA

En un tazón grande, mezclar ⅔ de taza de aceite de oliva, ⅓ de taza de orégano fresco picado, ⅓ de taza de perejil fresco picado, 3 chiles rojos finamente picados, y 3 dientes de ajo machacados. Lavar 1kg de pulpos baby y secar bien; cortarles la cabeza para abrirlos y sacar las vísceras; sostener el cuerpo con fuerza y con el dedo índice, extraer el pico. Incorporar el pulpo a la mezcla de aceite y marinar 3 ó 4 horas, o toda la noche; escurrir y reservar la marinada. Cocinar en una parrilla o en un sartén muy caliente 3 ó 5 minutos, o hasta que la carne se vuelva blanca; voltear con frecuencia y barnizar con la marinada durante el proceso de cocción.

FRITURAS DE OSTIÓN

Mezclar 6 huevos ligeramente batidos con ¼ de taza de parmesano rallado, 3 dientes de ajo machacados, 1 taza de harina, 2 cucharadas de tomillo fresco molido y 2 cucharadas de orégano fresco molido; revolver bien con una cuchara de madera. Incorporar 250g de ostiones limpios y picados. Calentar aceite para freír; dividir la masa en porciones pequeñas y cocinar por tandas 4 ó 5 minutos a fuego moderado, hasta que estén bien doradas. Escurrir en toallas de papel y servir con mayonesa y yogurt blanco.

SARDINAS EN HOJAS DE PARRA

En un refractario grande, colocar 12 hojas frescas de parra y cubrir con agua hirviendo; dejar 2 ó 3 minutos, enjuagar con agua fría, escurrir y secar. Si se prefieren hojas de parra en salmuera, remojar en agua fría durante 30 minutos, escurrir y secar. Precalentar el horno a 180°C. En un sartén, calentar 1 cucharada de aceite de oliva y agregar 1 diente de ajo machacado, 1 cebolla de cambray picada finamente y 2 cucharadas de piñones. Cocinar, sin dejar de mover, hasta que los piñones empiecen a dorarse. Pasar a un recipiente y mezclar con 3 cucharadas de perejil picado, 2 cucharaditas de ralladura de limón y 3 cucharadas de pan blanco recién molido, sazonar con sal y pimienta negra molida. Rellenar 12 sardinas con esta mezcla y envolver cada sardina con una hoja de parra; colocar en una charola para hornear engrasada, bañar con 2 cucharadas de aceite de oliva y hornear durante 30 minutos. Servir a temperatura ambiente con mayonesa aderezada con ajo machacado.

De izquierda a derecha: Pulpos a la parrilla; Frituras de ostión; Sardinas en hojas de parra; Mariscos marinados; Frittata de bacalao ahumado con arugula; Mejillones con prosciutto dorado

MEJILLONES CON PROSCIUTTO DORADO

En un sartén pequeño, calentar 1 cucharada de aceite; añadir 1 cebolla finamente picada, 6 rebanadas delgadas de prosciutto picadas y 4 dientes de ajo machacados. Cocinar hasta que el prosciutto se dore y la cebolla se suavice, reservar. En una cazuela grande con agua hirviendo, agregar 1.5kg de mejillones limpios y cocer durante 5 minutos; desechar los que no se abran. Sacar los mejillones de sus conchas y conservar la mitad de éstas. Colocar dos mejillones en cada concha y cubrir con la mezcla del prosciutto. Mezclar ½ taza de queso parmesano rallado y ½ taza de queso cheddar, espolvorear sobre el prosciutto. Cocinar a la parrilla hasta que se funda el queso y los mejillones se calienten uniformes.

FRITTATA DE BACALAO AHUMADO CON ARUGULA

En una cazuela, colocar 500g de bacalao ahumado con leche y agua suficientes para cubrirlo. Dejar que suelte el hervor, bajar la flama y cocinar de 3 a 4 minutos; sacar el bacalao con una espumadera y pelar. En un tazón, batir 8 huevos; añadir ½ taza de queso parmesano rallado, ½ taza de queso cheddar rallado, 2 cucharadas de tomillo fresco molido, ½ taza de trozos de hojas de albahaca y el pescado; revolver. En un sartén grande, calentar 2 cucharadas de aceite de oliva; verter la mezcla y cocinar a fuego medio durante 5 minutos, o hasta que esté casi cocida. Colocarla en la parrilla caliente 3 ó 4 minutos, o hasta que se dore ligeramente. Pasar a un platón grande y en el centro de éste, colocar 2 tazas de trozos de hojas de arugula.

MARISCOS MARINADOS

Partir en aros 500g de calamares pequeños; desvenar y quitar el caparazón a 500g de camarones crudos; lavar y quitar los bigotes a 500g de mejillones, desechar los que estén abiertos. En una cazuela grande, poner 3 tazas de agua, ½ taza de vinagre de vino blanco, ½ cucharadita de sal y 3 hojas de laurel; dejar que suelte el hervor. Agregar los calamares y 500g de ostiones, bajar la flama y cocinar 2 ó 3 minutos, o hasta que los mariscos estén blancos; sacarlos con una espumadera y colocarlos en un recipiente. Repetir el proceso con los camarones y cocinar hasta que estén rosas. Dejar que el líquido vuelva a soltar el hervor y agregar los mejillones; tapar, bajar la flama y cocinar durante 3 minutos, hasta que se abran todas las conchas; desechar los mejillones que no se abrieron. Dejar enfriar, sacar la carne e incorporarla al recipiente con el resto de los mariscos. Batir 2 dientes de ajo machacados, ½ taza de aceite de oliva extra virgen, 3 cucharadas de jugo de limón, 1 cucharada de vinagre de vino blanco, 1 cucharadita de mostaza Dijon y 1 cucharada de perejil picado. Verter sobre los mariscos y mezclar bien. Refrigerar 1 ó 2 horas, y servir sobre una cama de hojas de lechuga.

Nota: Para preparar este platillo, puede usarse cualquier marisco –lo más importante es recordar que los mariscos no deben cocerse en exceso porque se endurecen. Para que este antipasto sea más económico, la mayor parte de los camarones y de los ostiones puede sustituirse por filetes de pescado blanco. Cocer el pescado a fuego lento en el mismo líquido durante unos minutos, escurrir de inmediato y partir en trozos. Mezclar con cuidado con el resto de los mariscos y el aderezo; adornar con algunos camarones y ostiones cocidos.

SOPAS Y ENTRADAS

BRUSCHETTA CON TAPAS MEDITERRÁNEAS

Tiempo de preparación: 20 minutos
Tiempo de cocción: 15 minutos
Porciones: 4-6

Cubierta de pimiento
1 pimiento amarillo
1 pimiento rojo
1 pimiento verde

Cubierta de jitomate y albahaca
2 jitomates maduros
¼ de taza de albahaca fresca, en juliana
1 cucharada de aceite de oliva extra virgen

12 rebanadas de pan italiano
2 dientes de ajo, en mitades
⅓ de taza de aceite de oliva extra virgen
1 cucharada de perejil, picado

1 Cubierta de pimiento: Cortar los pimientos en mitades, quitar las semillas y las venas; aplastar un poco y colocar, con la piel hacia arriba, sobre la parrilla caliente hasta que la piel ennegrezca. Cubrir los pimientos con una toalla de cocina o meter en una bolsa de papel o de plástico, cerrar y dejar enfriar; pelar. Partir en tiras.

2 Cubierta de jitomate y albahaca: Picar finamente los jitomates y, en un recipiente, mezclar con la albahaca y el aceite de oliva. Sazonar con pimienta recién molida.

3 Bruschetta: Tostar las rebanadas de pan y, aún calientes, frotar con el diente de ajo. Bañar con aceite de oliva por ambos lados y espolvorear con sal y mucha pimienta negra molida.

4 Colocar la cubierta de pimiento sobre la mitad de las rebanadas de pan y espolvorear con perejil; en el resto del pan, poner el jitomate con albahaca. Servir de inmediato.

NOTA

El aceite de oliva extra virgen es producto del primer prensado de las aceitunas. Usar un aceite de calidad superior, marca la diferencia entre un buen plato y uno excelente, por eso se sugiere utilizar el de la mejor calidad que pueda adquirirse. El aceite de oliva "ligero" resulta del último prensado y su sabor es muy suave.

Asar el pimiento hasta que la piel ennegrezca, dejar enfriar y pelar.

Frotar la bruschetta tostada, aún caliente, con la mitad del diente de ajo.

QUESO RICOTTA AL HORNO

Tiempo de preparación: 15 minutos
+ toda la noche para refrigerar
Tiempo de cocción: 20 minutos
Porciones: 8

1 clara de huevo
750g de queso ricotta fresco, bien escurrido
60g jitomates deshidratados en aceite, escurridos y picados
pimienta negra molida
2 cucharadas de perejil, picado
½ cucharadita de ralladura de limón
1 diente de ajo, machacado
1 cucharada de aceite de oliva extra virgen

1 Precalentar el horno a 180°C. Forrar con papel aluminio la base de un molde redondo de 20cm para pastel, y barnizar muy bien con aceite de oliva. Batir la clara de huevo con un tenedor, hasta que esté espumosa; añadir el queso ricotta y revolver. Poner la mitad de la mezcla en el molde y extender de manera homogénea; esparcir los jitomates y la pimienta molida, vaciar el resto del queso ricotta encima y alisar la superficie.

2 En un tazón, mezclar bien el perejil, la ralladura de limón y el ajo; espolvorear sobre el queso ricotta, cubrir con más pimienta molida y bañar con aceite. Engrasar un círculo de papel aluminio con aceite y colocarlo sobre el ricotta, con la parte engrasada hacia abajo. Hornear durante 20 minutos, o hasta que se cuaje ligeramente. Quitar el papel aluminio.

3 Dejar enfriar en el molde, tapar con papel aluminio y refrigerar toda la noche. Con cuidado, desmoldar en una charola, quitar el papel aluminio, colocar un platón encima e invertir para que el perejil quede en la parte superior. Servir en rebanadas a temperatura ambiente como entrada, acompañado de hojas de arugula y aceitunas negras, o como parte de un antipasto.

NOTA

La mejor manera de escurrir el queso ricotta es dejarlo en el colador toda la noche y ponerle encima una lata o un plato; hay que colocar un tazón grande abajo para que allí caiga el liquido.

Los jitomates pueden sustituirse con pimiento deshidratado. En lugar de bañar el queso ricotta con aceite de oliva virgen, puede usarse el aceite de los jitomates o del pimiento.

Para escurrir el queso ricotta, hay que ponerlo en el colador, dentro de un tazón, y ponerle encima una lata.

Esparcir los jitomates picados y la pimienta molida sobre el queso ricotta.

Engrasar un círculo de papel aluminio y colocarlo sobre el queso ricotta, con el lado del aceite hacia abajo.

PERAS PARMESANAS

Tiempo de preparación: 15 minutos
Tiempo de cocción: 10 minutos
Porciones: 6

3 peras maduras y firmes
40g de mantequilla
6 rebanadas finas de pancetta, finamente picadas
2 cebollas de cambray, finamente picadas
¾ de taza de pan molido fresco
⅓ de taza de queso parmesano, rallado

1 Partir las peras en mitades y descorazonar con una cucharita o un cortador para melón. En un sartén, fundir la mantequilla, barnizar las peras con ella y colocarlas en una charola, con la parte cortada hacia arriba. Cocerlas a la parrilla durante 4 minutos, o hasta que se calienten.
2 Añadir la pancetta y las cebollas al resto de la mantequilla; sofreír hasta que las cebollas estén suaves, pero no doradas; agregar el pan molido y pimienta negra al gusto.
3 Esparcir la mezcla de la pancetta sobre las peras, espolvorear con el queso parmesano y asar hasta que se doren. Servir calientes como entrada, o como acompañamiento de pollo rostizado.

NOTA

También pueden utilizarse peras asiáticas.

El cortador de melón es ideal para descorazonar las peras.

Sofreír la pancetta y las cebollas de cambray hasta que éstas estén suaves; agregar el pan molido y la pimienta.

Espolvorear el queso parmesano en las peras y asar hasta que se doren.

ENSALADA DE ARUGULA, UVAS Y NUECES DE CASTILLA

Tiempo de preparación: 15 minutos
+ tiempo para refrigerar
Porciones: 6

1 lechuga romana
1 achicoria
155g de arugula
1 taza de uvas verdes, sin semilla
½ taza de nueces de Castilla, tostadas

Aderezo
⅓ de taza de aceite de oliva extra virgen
1 cucharada de jugo de limón
2 cucharaditas de mostaza
pimienta negra, molida
1 cucharada de cebollines, picados

1 Lavar la lechuga, la achicoria y la arugula, secar las hojas; refrigerar en un recipiente hermético o en una bolsa de plástico, hasta que estén crujientes. En una ensaladera grande o en un platón, acomodar las hojas y las uvas; espolvorear con las nueces.
2 Aderezo: Con el batidor manual, batir el aceite, el jugo de limón, la mostaza y la pimienta; agregar los cebollines.
3 Bañar la ensalada con el aderezo y servir.

NOTA

Usar el mejor aceite que pueda adquirirse.

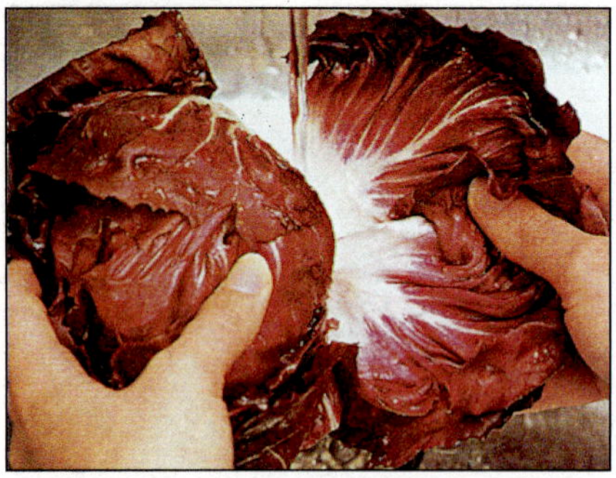
Bajo el chorro de agua fría, lavar las hojas de lechuga, achicoria y arugula.

Meter las hojas en bolsas de plástico o en un recipiente hermético, y refrigerar.

Para preparar el aderezo, con el batidor manual batir el aceite, la mostaza, el jugo de limón y la pimienta.

SOPA DE ALUBIAS BORLOTTI Y CALABAZA

Tiempo de preparación: 20 minutos
+ remojar toda la noche
Tiempo de cocción: 2 horas
10 minutos
Porciones: 4-6

350g de alubias borlotti
1kg de calabaza, en trozos, pelada y sin semillas
2 papas grandes, peladas y picadas
2 litros de caldo de pollo
1 cucharada de aceite de oliva
1 cebolla morada, picada
2 dientes de ajo, finamente picados
1 tallo de apio, picado
10 hojas frescas de salvia, picadas
½ cucharadita de pimienta, molida

1 Remojar las alubias en agua fría toda la noche, o durante 8 horas; enjuagar y escurrir. En una cazuela grande, poner las alubias, cubrir con agua y cocer a fuego lento durante 1½ horas, o hasta que estén suaves. Retirar del fuego y escurrir.
2 En una cazuela grande, poner los pedazos de calabaza y de papa e incorporar el caldo de pollo. Dejar que suelte el hervor, bajar la flama y cocer 35 ó 40 minutos; retirar del fuego y escurrir; reservar el líquido. Con un tenedor, machacar la calabaza y las papas, devolver a la cazuela junto con el líquido que se reservó. Incorporar las alubias.
3 En un sartén, calentar el aceite, agregar la cebolla, el ajo, el apio y freír 2 ó 3 minutos. Agregar a la sopa con la salvia y la pimienta; calentar. Servir caliente con pan italiano.

NOTA

El caldo de pollo ya preparado es muy útil, pero puede resultar salado. En ese caso, usar la mitad de caldo y la mitad de agua.

Poner las alubias en un recipiente grande con agua fría y dejar remojar toda la noche.

Con un tenedor, machacar la calabaza y las papas; regresar al líquido.

Freír la cebolla, el ajo y el apio; agregar a la sopa.

Ensalada de arugula, uvas y nueces de Castilla (arriba) y Sopa de alubias borlotti y calabaza

Frascati

SALSAS CLÁSICAS PARA PASTA

BOLOÑESA

1 En una cazuela grande, calentar 2 cucharadas de aceite y agregar 1 cebolla, 1 zanahoria y 1 tallo de apio, todos en cubos. Cocinar a fuego lento durante 10 minutos, moviendo de vez en cuando.

2 Añadir 2 dientes de ajo machacados y cocinar 1 minuto más. Subir la flama ligeramente y agregar 500g de carne molida de res; cocinar hasta que esté bien dorada. Con un tenedor, deshacer los trozos grandes de carne mientras se cuece.

3 Incorporar 2 tazas de caldo de res, 1½ tazas de vino tinto, 2 latas de 425g cada una de jitomates en trozos, 2 cucharadas de perejil fresco picado, y 2 cucharaditas de azúcar.

4 Dejar que suelte el hervor, bajar la flama y cocinar destapado durante 1½ horas, moviendo de vez en cuando, hasta que se reduzca y espese. Sazonar al gusto y servir sobre espagueti. Rinde 4 porciones.

DE JITOMATE

1 A 500g de jitomates maduros, trazar una cruz en la base. Meter en un refractario grande y cubrir con agua hirviendo. Esperar 2 minutos.

2 Escurrir los jitomates y dejar enfriar un poco. Pelar donde está la marca de la cruz y desechar la piel; partir a la mitad y sacar las semillas con una cucharita; cortar en trozos grandes.

3 En una cazuela grande, calentar 2 cucharadas de aceite y añadir 1 cebolla grande picada; cocinar a fuego lento durante 15 minutos, moviendo de vez en cuando, hasta que esté muy suave. Agregar 2 dientes de ajo machacados y cocinar 2 minutos más.

4 Añadir los trozos de jitomate, 2 cucharadas de azúcar, sal y pimienta al gusto. Cocinar destapado a fuego lento durante 20 minutos, moviendo de vez en cuando. Dejar enfriar ligeramente y moler en la licuadora o en el procesador de alimentos. Volver a calentar y servir con penne. Rinde 4 porciones.

CARBONARA

1 Quitar y desechar el borde de 8 piezas de tocino; cortar en tiras delgadas, colocar en un sartén y cocinar a fuego medio hasta que esté dorado y crujiente.

2 En una cazuela grande con agua hirviendo, cocer 500g de espagueti hasta que se suavice. Escurrir bien en un colador y devolver a la cazuela.

3 Batir 4 huevos, $1\frac{1}{4}$ tazas de crema y $\frac{1}{2}$ taza de queso parmesano recién rallado. Añadir el tocino a la pasta e incorporar la mezcla de huevo.

4 Mezclar muy bien los ingredientes. Regresar al fuego, lento, y revolver durante 30 segundos o 1 minuto, hasta que la salsa se cueza y espese un poco; servir de inmediato. Rinde 4 porciones.

PESTO

1 En un sartén, poner $\frac{1}{4}$ de taza de piñones y cocinar, sin dejar de mover, a fuego lento durante 2 minutos, hasta que doren. Pasar a un plato para que se enfríen.

2 En el procesador de alimentos, colocar 2 tazas de hojas de albahaca fresca; machacar 2 dientes de ajo y añadir a la albahaca.

3 Rallar 25g de queso parmesano y agregar al procesador de alimentos junto con los piñones. Moler hasta que quede finamente picado.

4 Sin detener el motor, añadir $\frac{1}{2}$ taza de aceite de oliva extra virgen en hilillo. Batir hasta incorporar todo el aceite y la mezcla esté gruesa, ligeramente líquida. Servir sobre fettucine. Rinde 4 porciones.

PUTTANESCA

1 En una cazuela grande, calentar 2 cucharadas de aceite, agregar 3 anchoas y cocinar, sin dejar de mover, durante 2 minutos, hasta que las anchoas se deshagan.

2 Añadir 3 dientes de ajo machacados y ½ cucharadita de chile molido; sofreír durante 1 minuto, sin que el ajo se queme, pues de lo contrario se vuelve amargo.

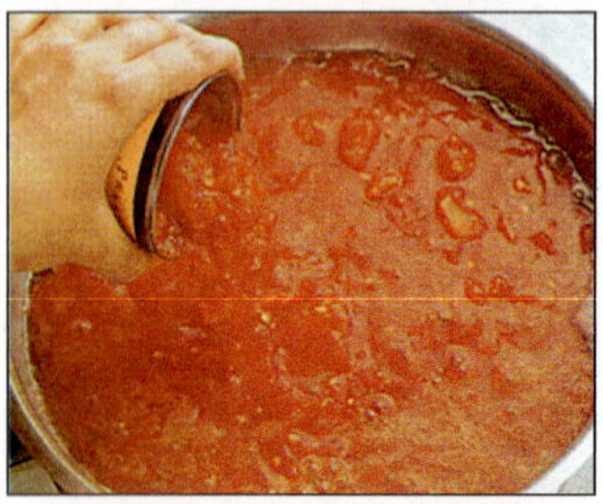

3 Incorporar 2 latas de 425g cada una de jitomates picados; dejar que suelte el hervor; bajar la flama y cocinar, destapado, durante 20 minutos, o hasta que la salsa se reduzca y espese.

4 Agregar 2 cucharadas de alcaparras, ¼ de taza de aceitunas negras picadas, y 2 cucharaditas de orégano fresco entero; cocinar 10 minutos más y servir sobre espagueti. Rinde 4 porciones.

BOSCAIOLA

1 Con una toalla de papel, quitar la tierra a 500g de champiñones; partir finamente, incluyendo el tallo.

2 En una cazuela grande, calentar 2 cucharadas de aceite y añadir 1 cebolla picada; freír a fuego medio durante 5 minutos, o hasta que dore. Agregar 2 dientes de ajo machacados y cocinar 1 minuto más.

3 Incorporar los champiñones y 1 lata de 425g de jitomates picados; dejar que suelte el hervor, bajar la flama, tapar y cocinar durante 15 minutos.

4 Añadir 2 cucharadas de perejil picado. Mezclar una parte de la salsa con 500g de fusilli y cubrir con el resto de la misma. Rinde 4 porciones.

AMATRICIANA

1 A 500g de jitomates maduros, trazar una cruz en la base; colocar en un refractario grande y cubrir con agua hirviendo, esperar 2 minutos.

2 Escurrir los jitomates y dejar enfriar un poco. Pelar donde está la marca de la cruz y desechar la piel; partir a la mitad y sacar las semillas con una cucharita; cortar en trozos grandes.

3 En un sartén grande, calentar 30g de mantequilla, añadir 1 cebolla finamente picada y sofreír a fuego medio durante 5 minutos, hasta que esté suave y dorada. Cortar 6 rebanadas finas de pancetta en pequeñas tiras y agregar a la cebolla; freír durante 2 minutos para que se doren.

4 Incorporar los jitomates junto con 2 cucharaditas de chile rojo finamente picado; dejar que suelte el hervor, bajar la flama y cocinar destapado durante 20 minutos, moviendo de vez en cuando. Rinde 4 porciones.

PRIMAVERA

1 Cortar las puntas de 155g de espárragos y partirlos en cubos de 1 cm; colocar en un refractario y cubrir con agua hirviendo, esperar 1 minuto, escurrir y dejar enfriar.

2 En una cazuela grande, fundir 40g de mantequilla; agregar 1 cebolla chica, 1 calabaza zucchini chica y 1 zanahoria chica, todas en cubos; cocinar a fuego medio durante 7 minutos, hasta que estén suaves, moviendo de vez en cuando.

3 Incorporar los espárragos y cocinar 1 minuto; añadir ½ taza de crema, revolver y calentar. Sazonar con sal y pimienta al gusto.

4 Agregar 500g de fettucine cocido a las verduras junto con 30g de queso parmesano rallado; mezclar y servir de inmediato. Rinde 4 porciones.

PASTAS Y PIZZAS

PIZZA DE JITOMATE DESHIDRATADO Y SALAMI

Tiempo de preparación: 40 minutos
Tiempo de cocción: 35-45 minutos
Porciones: 4

1 pimiento verde
1 pimiento rojo o amarillo
1 taza de queso cheddar, rallado
100g de salami, en rodajas
1 cebolla morada, en rodajas finas
½ taza de aceitunas negras, sin hueso y picadas
150g de queso bocconcini

Base para pizza
7g de levadura
½ cucharadita de sal
½ cucharadita de azúcar
2½ tazas de harina
1 taza de jitomates deshidratados, picados finamente
½ taza de piñones, picados finamente

1 Partir los pimientos por la mitad, sacar las venas y las semillas; colocar, con la piel hacia arriba, en la parilla y dejar que la piel se ennegrezca y ampule. Dejar enfriar envueltos en una toalla de cocina, pelar y cortar en tiras; reservar.

2 **Base para pizza:** En un recipiente pequeño, mezclar la levadura, la sal, el azúcar y 1 taza de agua tibia; tapar con plástico adherente y dejar en un lugar cálido durante 10 minutos, hasta que burbujee. En un tazón, poner el harina; hacer un hueco en el centro y añadir la mezcla de la levadura, los jitomates deshidratados y los piñones; revolver hasta formar una masa.

3 Precalentar el horno a 200°C. Sobre una superficie ligeramente enharinada, amasar la pasta durante 10 minutos, o hasta que esté homogénea y elástica. Con el rodillo, formar un círculo de 35 cm; colocar en una charola antiadherente para pizza y doblar la orilla para formar el borde.

4 Espolvorear la base de la pizza con el queso cheddar rallado; encima, poner el salami, la cebolla morada, las aceitunas y el pimiento asado. Hornear 30 ó 40 minutos, o hasta que la masa se cueza. Colocar encima rebanadas finas de queso bocconcini y hornear 5 minutos más, o hasta que se derrita.

NOTA

Para la base de la pizza, el jitomate puede sustituirse por pimientos deshidratados.

Dejar la mezcla de la levadura en un lugar caliente, hasta que burbujee.

Cubrir la base con queso rallado, cebolla, salami, aceitunas y pimiento asado.

POLLO TORTELLINI CON SALSA DE JITOMATE

Tiempo de preparación: 30 minutos + tiempo para reposar
Tiempo de cocción: 30 minutos
Porciones: 4

Pasta
2 tazas de harina
1 pizca de sal
3 huevos
1 cucharada de aceite de oliva

Relleno
20g de mantequilla
80g de filetes de pechuga de pollo, en cubos
2 rebanadas de pancetta, picadas
½ taza de queso parmesano, rallado
½ cucharadita de nuez moscada
1 huevo, ligeramente batido

Salsa de jitomate
⅓ de taza de aceite de oliva
1½ kg de jitomates maduros, pelados y picados
¼ de taza de orégano fresco, picado
½ taza de queso parmesano, rallado
100g de queso bocconcini, finamente rebanado, para servir

1 Pasta: En un recipiente, cernir el harina y la sal, y hacer un hueco en el centro. En una jarrita batir los huevos, el aceite y 1 cucharada de agua. Poco a poco, agregar la mezcla de huevo al harina, revolver hasta obtener una masa firme. Formar una pelota, agregando agua si es necesario.

2 En una superficie ligeramente enharinada, amasar durante 5 minutos, o hasta que la masa esté suave y elástica. Colocar en un recipiente engrasado, cubrir con plástico adherente y dejar reposar durante 30 minutos.

3 Relleno: En un sartén, calentar la mantequilla; agregar el pollo y freír hasta que se dore, escurrir. En el procesador de alimentos moler el pollo y la panceta hasta que estén finamente picados. Pasar a un recipiente y añadir el queso, la nuez moscada, el huevo, sal y pimienta al gusto. Reservar.

4 En una superficie ligeramente enharinada, extender la masa con el rodillo. Con un cortador redondo, cortar círculos de 5 cm. Colocar media cucharadita del relleno en el centro de cada círculo. Doblar a la mitad para formar semicírculos, oprimiendo los bordes con fuerza. Enrollar cada semicírculo alrededor de un dedo para formar un aro y después oprimir los extremos de la masa para cerrar.

5 Salsa de jitomate: En un sartén, colocar el aceite, los jitomates y el orégano; cocinar a fuego alto durante 10 minutos. Incorporar el queso parmesano, y reservar.

6 En una cazuela grande con agua hirviendo, cocinar el tortellini en dos tandas, durante 6 minutos cada una, o hasta que esté suave. Escurrir bien y regresar a la cazuela. Recalentar la salsa de jitomate, agregar el tortellini y revolver bien. Dividir la pasta en tazones individuales, adornar con el queso bocconcini para que se funda antes de servir.

NOTA

Dibujar una cruz en la base de los jitomates, sumergir en un recipiente de agua hirviendo durante 1 minuto y remojar en agua fría. La piel se levantará donde se marcó la cruz.

Con la mano, formar una pelota con la masa.

En un recipiente engrasado, colocar la masa, cubrir con plástico adherente y dejar reposar.

Agregar el queso, la nuez moscada, el huevo y sazonar la mezcla.

Extender la masa con el rodillo y con un cortador cortar círculos.

Enrollar los semicírculos alrededor de tu dedo para formar un aro. Oprimir los extremos.

Incorporar el queso parmesano a la salsa de jitomate.

LASAÑA DE RICOTTA

Tiempo de preparación: 1 hora
Tiempo de cocción: 1 hora 30 minutos
Porciones: 8

500g de láminas de lasaña de espinaca
½ taza de hojas frescas de albahaca, en trozos
2 cucharadas de pan molido, fresco
3 cucharadas de piñones
2 cucharaditas de páprika
1 cucharada de queso parmesano

Relleno de ricotta
750g de queso ricotta, fresco
½ taza de queso parmesano, rallado
pimienta negra, recién molida
1 pizca de nuez moscada

Salsa de jitomate
1 cucharada de aceite de oliva
2 cebollas, picadas
2 dientes de ajo, machacados
1 lata de 800g de puré de tomate
1 cucharada de concentrado de tomate

Salsa bechamel
60g de mantequilla
½ taza de harina
2 tazas de leche
2 huevos, batidos ligeramente
⅓ de taza de queso parmesano, rallado

1 Engrasar ligeramente un refractario de 25x32cm. Partir las láminas de pasta en piezas largas y cocer, 2 ó 3 al mismo tiempo, en agua hirviendo durante 3 minutos. Escurrir y colocar sobre una toalla húmeda de cocina.

2 Relleno de queso ricotta: En un tazón, mezclar muy bien el queso ricotta, el queso parmesano, la pimienta y la nuez moscada. Reservar.

3 Salsa de jitomate: En un sartén, calentar el aceite; agregar la cebolla y cocinar durante 10 minutos, moviendo de vez en cuando, hasta que esté muy suave; añadir el ajo y cocinar 1 minuto más; incorporar el puré y el concentrado de tomate, revolver bien. Mover hasta que la mezcla suelte el hervor; bajar la flama y cocinar destapado durante 15 minutos, o hasta que espese, moviendo de vez en cuando.

4 Salsa bechamel: En una cazuela pequeña, calentar la mantequilla; cuando empiece a burbujear, agregar el harina y revolver durante 3 minutos, o hasta que adquiera color. Retirar del fuego; añadir la leche poco a poco, moviendo después de cada adición; regresar a la estufa y revolver hasta que la salsa hierva y espese. Retirar del fuego e incorporar los huevos; regresar a la estufa a fuego medio y revolver hasta que esté a punto de hervir, pero no debe soltar el hervor; agregar el queso y sazonar al gusto. Cubrir la superficie con un plástico adherente para evitar que se forme nata. Precalentar el horno a 200°C.

5 Poner una capa de lasaña en el refractario, un tercio del relleno de queso ricotta, espolvorear con albahaca y cubrir con un tercio de la salsa de jitomate. Repetir el procedimiento con el resto de los ingredientes, hasta terminar con una capa de pasta.

6 Vaciar la salsa bechamel y esparcir hasta que quede homogénea, espolvorear con el pan molido, los piñones, la páprika y el queso parmesano, previamente mezclados. Hornear durante 15 minutos, o hasta que dore. Dejar reposar 10 minutos antes de servir.

NOTA

Dejar reposar la lasaña antes de servir, facilita su cortado.

Cocer al mismo tiempo 2 ó 3 láminas de lasaña en un cazuela grande de agua hirviendo.

Cocinar la salsa de jitomate, destapada, durante 15 minutos, hasta que espese.

Revolver la salsa bechamel hasta que hierva y espese.

Cubrir con plástico adherente la superficie de la salsa, así no se formará nata.

Con el dorso de una cuchara, esparcir una capa de salsa de jitomate sobre el relleno de queso ricotta.

Espolvorear la mezcla de pan molido y piñones sobre la salsa bechamel.

PIZZETTAS

PESTO DE JITOMATE DESHIDRATADO Y ALCACHOFAS

Precalentar el horno a 200°C. Para preparar el pesto, colocar en el procesador de alimentos o en la licuadora, ½ taza de jitomates deshidratados, 2 cucharadas de piñones, 2 dientes de ajo y 2 cucharadas de queso parmesano rallado; licuar hasta que quede una pasta homogénea. Dividir el pesto entre 4 bases individuales para pizza. Partir 4 corazones de alcachofas marinados y colocar sobre el pesto; espolvorear con 1 taza de queso mozzarella rallado. Hornear 15 ó 20 minutos, o hasta que la pizza esté crujiente y el queso fundido. Rinde 4 porciones.

QUESO BOCCONCINI Y JITOMATE

Precalentar el horno a 200°C. Mezclar 3 cucharadas de aceite de oliva con 8 dientes de ajo machacados; vaciar la mezcla sobre 4 bases individuales para pizza y hornear durante 10 minutos. Partir 4 jitomates en rodajas y colocar sobre las bases de pizza, junto con 4 rebanas de queso bocconcini fresco, sal y pimienta. Regresar al horno durante 6 minutos más, o hasta que el queso se funda. Espolvorear las pizzettas con ½ taza de trozos de hojas albahaca. Rinde 4 porciones.

PIMIENTO ASADO Y PROSCIUTTO

Precalentar el horno a 200°C. Sobre 4 bases individuales para pizza, esparcir 1 taza de salsa para pizza ya preparada. Cortar 1 pimiento rojo y 1 pimiento verde en trozos grandes, sin semillas y sin venas, y colocar en la parrilla caliente con la piel hacia arriba; cocer hasta que ésta ennegrezca y se ampolle. Retirar del fuego y cubrir con un trapo de cocina; dejar enfriar. Pelar y partir en tiras delgadas; dividir entre las bases para pizza. Cortar en tiras 12 rebanadas finas de prosciutto y colocar sobre el pimiento; cubrir con ⅔ de taza de aceitunas negras de buena calidad, deshuesadas y picadas; bañar con aceite de oliva extra virgen. Hornear 10 ó 15 minutos, o hasta que las orillas estén doradas. Rinde 4 porciones.

CAMOTE Y OSTIÓN

Precalentar el horno a 200°C. Barnizar con aceite de oliva 4 bases individuales para pizza; limpiar y cortar en mitades 250g de ostiones y colocarlos en las pizzas. Partir en rebanadas muy finas 375g de camote; freír hasta que esté dorado y crujiente, escurrir bien. Cortar en rodajas 1 cebolla morada. Poner el camote y la cebolla sobre los ostiones y bañar con aceite de oliva extra virgen. Hornear de 10 a 15 minutos. Espolvorear con 2 cucharadas de tomillo fresco picado antes de servir. Rinde 4 porciones.

JITOMATE A LAS HIERBAS Y ARUGULA

Precalentar el horno a 200°C. En una cazuela, calentar 1 cucharada de aceite de oliva; agregar 1 cebolla picada finamente y 2 dientes de ajo machacados, cocinar a fuego medio durante 3 ó 4 minutos. Pelar y partir 500g de jitomates maduros, añadir a la cazuela con 2 cucharadas de hierbas frescas picadas; cocinar a fuego alto 5 ó 7 minutos, o hasta que la mezcla espese mucho; untar en 4 bases individuales para pizza. Hornear 10 ó 15 minutos, o hasta que las pizzas estén crujientes; retirar del horno y cubrir con 2 tazas de hojas de arugula en trozos, espolvorear con virutas de queso parmesano y sazonar con pimienta negra. Rinde 4 porciones.

CEBOLLA FRITA Y QUESO DE CABRA

Precalentar el horno a 200°C. Picar finamente 4 cebollas; en un sartén grande, calentar 2 cucharadas de aceite de oliva y freír la cebolla a fuego alto durante 3 ó 4 minutos, o hasta que empiece a dorar; bajar la flama y cocinar durante 15 minutos, o hasta que la cebolla esté suave. Colocar la cebolla sobre 4 bases individuales para pizza y cubrir con 125g de queso de cabra, desmenuzado o en trozos. Hornear 10 ó 15 minutos, o hasta que se doren. Retirar del horno y espolvorear con 2 cucharadas de orégano fresco picado. Rinde 4 porciones.

De izquierda a derecha: Pesto de jitomate deshidratado y alcachofas; Queso bocconcini y jitomate; Pimiento asado y prosciutto; Camote y ostión; Jitomate a las hierbas y arugula; Cebolla frita y queso de cabra.

PIZZA DE PAPA Y CEBOLLA

Tiempo de preparación: 40 minutos
Tiempo de cocción: 40 minutos
Porciones: 4

7g de levadura
½ cucharadita de azúcar
1½ tazas de harina blanca
1 taza de harina integral
1 cucharada de aceite de oliva

Cubierta
1 pimiento rojo grande
1 papa, pelada
1 cebolla grande, en rebanadas
125g de queso de cabra, desmenuzado
3 cucharadas de alcaparras
1 cucharada de orégano, molido
1 cucharadita de pimienta, molida
1 cucharadita de aceite de oliva

1 En un tazón, mezclar la levadura, el azúcar, una pizca de sal y 1 taza de agua caliente; cubrir con plástico adherente y dejar en un lugar caliente durante 10 minutos, o hasta que burbujee. En otro recipiente, cernir las harinas; hacer un hueco en el centro, agregar la mezcla de la levadura y revolver hasta formar una masa uniforme. Sobre una superficie ligeramente enharinada, amasar durante 5 minutos, o hasta que esté homogénea. Con el rodillo, formar un círculo de 35 cm; engrasar con aceite una charola para pizza, colocar la masa y doblar la orilla para formar el borde. Precalentar el horno a 200°C.
2 Cubierta: Cortar el pimiento en mitades y sacar las semillas; colocar en la parrilla caliente, con la piel hacia arriba, hasta que ésta ennegrezca; dejar enfriar envuelto en una toalla de cocina, pelar y partir en tiras delgadas.
3 Cortar la papa en rodajas muy finas y colocar sobre la base de la pizza junto con la cebolla, el pimiento y la mitad del queso de cabra; espolvorear con las alcaparras, el orégano y la pimienta; bañar con aceite de oliva. Barnizar los bordes de la pasta con aceite y hornear durante 20 minutos. Agregar el resto del queso y hornear 15 ó 20 minutos más, o hasta que la masa se dore. Partir en rebanadas para servir.

NOTA

El queso de cabra, también conocido como Chèvre, se compra en tiendas delicatessen.

Doblar la orilla de la masa para pizza y formar el borde.

Pelar el pimiento y partir en tiras delgadas.

Colocar la cebolla, el pimiento y la mitad del queso de cabra sobre la base.

CALZONI DE JAMÓN Y QUESO

Tiempo de preparación: 30 minutos + tiempo para refrigerar
Tiempo de cocción: 30 minutos
Porciones: 4

2 tazas de harina
100g de mantequilla, en trozos
2 yemas de huevo

Relleno de jamón y queso
250g de queso ricotta
50g de queso gruyère, en cubos
50g de jamón, finamente picado
2 cebollas de cambray, picadas
1 cucharada de perejil fresco
pimienta negra, recién molida

1 Engrasar una charola para horno. En un recipiente, cernir el harina y una pizca de sal, frotar la mantequilla con ellas. Hacer un hueco en el centro; con un cuchillo, mezclar las yemas de huevo y agregar 2 ó 3 cucharadas de agua, para obtener una pasta. Formar una pelota, cubrir con plástico adherente y refrigerar durante 20 minutos. Precalentar el horno a 200°C.

2 Relleno: En un tazón, mezclar los quesos, el jamón, las cebollas de cambray, el perejil y la pimienta negra.

3 Con el rodillo, amasar ¼ de la masa y formar un círculo grande de 2 ó 3mm de grosor, recortar los bordes disparejos. En el centro, colocar una cucharada con ¼ del relleno; barnizar ligeramente la orilla con agua y doblar sobre el relleno, oprimiendo las orillas para sellar. Repetir el proceso con el resto de la masa y del relleno. Colocar los calzoni en la charola, barnizar con un poco de aceite de oliva y hornear durante 30 minutos, o hasta que estén bien dorados y crujientes.

NOTA

Los calzoni pueden prepararse con 1 día de anticipación y guardarse en el refrigerador hasta antes de hornearse. La masa puede hacerse en el procesador de alimentos.

Con un cuchillo, mezclar las yemas con el harina y la mantequilla.

En un tazón, mezclar los quesos, el jamón, las cebollas de cambray, el perejil y la pimienta.

Barnizar los bordes de la pasta con agua y doblar sobre el relleno.

PLATILLOS CON VEGETALES

BERENJENA A LA PARMIGIANA

Tiempo de preparación: 30 minutos
Tiempo de cocción: 1 hora 15 minutos
Porciones: 6-8

3 cucharadas de aceite de oliva
1 cebolla, en cubos
2 dientes de ajo, machacados
1.25kg de jitomates, pelados y picados
1kg de berenjena
250g de queso bocconcini en rebanadas
185g de queso cheddar, rallado
1 taza de hojas de albahaca
½ taza de queso parmesano, rallado

1 En un sartén grande, calentar el aceite; agregar la cebolla y sofreír a fuego medio, hasta que esté suave. Añadir el ajo y freír 1 minuto; incorporar el jitomate y cocer durante 15 minutos; sazonar con sal al gusto. Precalentar el horno a 200°C.

2 Partir las berenjenas en rebanadas muy finas, freír en aceite por tandas de 3 ó 4 minutos, o hasta que estén bien doradas. Escurrir en toallas de papel.

3 Colocar un tercio de las berenjenas en un refractario con capacidad para 7 tazas. Cubrir con la mitad del queso bocconcini y del queso cheddar. Repetir el proceso y terminar con una capa de berenjenas.

4 Verter la salsa de jitomate; espolvorear con hojas de albahaca y el queso parmesano. Hornear durante 40 minutos.

Sofreír la cebolla y el ajo en el aceite; agregar el jitomate.

Freír la berenjena por tandas y escurrir en toallas de papel.

Colocar capas de berenjena, queso bocconcini y cheddar en el refractario.

Vaciar la salsa de jitomate y espolvorear con trozos de hojas de albahaca y queso parmesano.

CALABAZAS ZUCCHINI RELLENAS

Tiempo de preparación: 20 minutos
Tiempo de cocción: 45 minutos
Porciones: 4

8 calabazas zucchini
35g de pan blanco, sin corteza
leche, para remojar
125g de queso ricotta
3 cucharadas de queso cheddar, rallado
1/3 de taza de queso parmesano, rallado
2 cucharaditas de orégano fresco, picado
2 cucharaditas de tomillo fresco, picado
1 diente de ajo, machacado
1 yema de huevo

1 Precalentar el horno a 190°C. Cocer las calabazas en agua hirviendo con sal durante 5 minutos, y escurrir. Mientras tanto, remojar el pan en la leche hasta que se suavice; apretar para escurrir. Cortar las calabazas a la mitad y sacar la carne con una cucharita.

2 Picar la carne de la calabaza finamente; colocar en un tazón y agregar el pan, los quesos, las hierbas, el ajo, la yema de huevo y sazonar con sal y pimienta; mezclar, y de ser necesario, añadir un poco de leche para incorporar.

3 Rellenar las calabazas. Barnizar con aceite un refractario y acomodar las calabazas muy juntas. Hornear 35 ó 40 minutos, hasta que el relleno se dore. Servir de inmediato.

Cortar las calabazas a la mitad y sacar la carne con una cucharita.

En un tazón, mezclar la carne de la calabaza, los quesos, las hierbas, el ajo y la yema de huevo.

Acomodar las calabazas rellenas muy juntas en un refractario engrasado.

Sofreír la cebolla en la mantequilla; agregar el ajo y la pancetta.

Conforme el líquido se absorba, añadir un poco de caldo.

Cuando se enfríe un poco, incorporar los huevos, el queso parmesano y la pimienta.

Engrasar un molde para pay y espolvorear con pan molido.

PAY DE ESPINACA Y PANCETTA

Tiempo de preparación: 30 minutos
Tiempo de cocción: 55 minutos
Porciones: 4-6

45g de mantequilla
2 cucharadas de aceite de oliva
1 cebolla grande, finamente picada
2 dientes de ajo, finamente picados
125g de rebanadas finas de pancetta, picadas
1 taza de arroz arborio
3 tazas de caldo de res
800g de espinacas, en trozos grandes
4 huevos, ligeramente batidos
½ taza de queso parmesano, recién rallado
1 cucharadita de pimienta negra, molida
4 cucharadas de pan molido

1 En un sartén grande, calentar la mantequilla con 1 cucharada de aceite y sofreír la cebolla durante 3 ó 4 minutos. Agregar el ajo y la pancetta y cocinar durante 1 minuto.

2 Añadir el arroz y revolver; incorporar la mitad del caldo, bajar la flama, tapar, y cocer durante 8 minutos, agregando poco a poco el resto del caldo conforme se absorba. Cocer el arroz hasta que se consuma el caldo. Precalentar el horno a 180°C.

3 Agregar las espinacas al arroz, tapar y cocinar 2 minutos más, hasta que se suavicen. Pasar a un recipiente y dejar enfriar. Incorporar los huevos, el queso parmesano y la pimienta.

4 Espolvorear con 3 cucharadas de pan molido un molde para pay de 23cm ya engrasado. Con una cuchara, vaciar el relleno, bañar con el resto del aceite de oliva y el resto del pan molido. Hornear 40 ó 45 minutos, dejar enfriar en el molde. Partir en rebanadas y servir a temperatura ambiente.

NOTA

El caldo ya preparado es muy útil, pero resulta salado. En ese caso, usar la mitad del caldo con la mitad de agua.

ROLLOS DE PIMIENTO

Tiempo de preparación: 20 minutos
+ 30 minutos para marinar
Tiempo de cocción: 10 minutos
Porciones: 6

2 pimientos rojos grandes
2 pimientos amarillos grandes
2 pimientos verdes grandes
3 cucharadas de aceite de oliva
1 cucharadita de jugo de limón
2 dientes de ajo, machacados
185g de atún enlatado, escurrido
100g de anchoas, escurridas y picadas
$1/3$ de taza de aceitunas negras, sin hueso y picadas
2 cucharadas de alcaparras, escurridas
1 cucharada de perejil fresco, picado

1 Partir los pimientos en cuatro, quitar las semillas, desvenar y barnizar la piel con un poco de aceite. Asar, con la piel hacia arriba, hasta que ésta ennegrezca y se ampule. Envolver en una toalla de cocina y dejar enfriar; pelar.

2 Mezclar el resto del aceite, el jugo de limón y un poco de sal. En esta mezcla, marinar los pimientos durante 30 minutos. En otro recipiente, revolver el atún, las anchoas, las aceitunas y las alcaparras.

3 Escurrir los pimientos, reservar la marinada, y poner en cada pimiento 2 cucharaditas del relleno de atún. Enrollar y acomodar en un platón; bañar con la marinada que se reservó y adornar con el perejil picado y la pimienta.

Quitar las semillas y desvenar los pimientos.

Marinar los pimientos durante 30 minutos.

Poner 2 cucharaditas del relleno en cada pimiento y enrollar.

En un tazón, poner las espinacas, los quesos, la pimienta y la nuez moscada; mezclar.

Cocer hasta que ambos lados de la crepa estén dorados y sacar con una espátula.

Retirar del fuego, sazonar con sal y pimienta al gusto, y agregar el queso rallado.

Dividir el relleno entre las crepas y enrollar.

CREPAS DE QUESO Y ESPINACA

Tiempo de preparación: 40 minutos
Tiempo de cocción: 50 minutos
Porciones: 4

250g de espinacas cocidas, escurridas y picadas
½ taza de queso ricotta
¼ de taza de queso cheddar, rallado
pimienta negra, molida
nuez moscada, recién rallada
¼ de taza de queso parmesano, rallado
¼ de cucharadita de páprika
½ taza de pan molido, fresco

Masa para crepas
1 taza de harina
1¼ tazas de leche
1 huevo
mantequilla, para cocinar

Salsa de queso
2 cucharadas de mantequilla
¼ de taza de harina
1¾ tazas de leche
1 taza de queso cheddar, rallado

1 En un tazón, poner las espinacas, los quesos, la pimienta y la nuez moscada; mezclar.
2 Masa para crepas: En un tazón, cernir el harina y una pizca de sal; agregar la mitad de la leche y el huevo. Batir hasta que quede homogénea y añadir el resto de la leche. En un sartén, calentar una cucharadita de mantequilla, incorporar una capa delgada de masa; cocer hasta que se dore y voltear. La masa debe rendir para 8 crepas.
3 Salsa de queso: Fundir la mantequilla a fuego lento, agregar el harina y cocinar durante 1 minuto; retirar del fuego y verter la leche poco a poco. Dejar que suelte el hervor, moviendo constantemente. Retirar del fuego, sazonar con sal y pimienta y añadir el queso rallado.
4 Precalentar el horno a 180°C. Dividir el relleno entre las crepas, enrollar y poner en un refractario engrasado. Verter la salsa de queso sobre las crepas. Mezclar el queso parmesano, la páprika y el pan molido; vaciar sobre las crepas. Hornear durante 30 minutos, o hasta que se doren.

CHAMPIÑONES EN SALSA DE JITOMATE

Tiempo de preparación: 15 minutos
Tiempo de cocción: 20 minutos
Porciones: 4, como acompañamiento

2 cucharadas de aceite de oliva
2 dientes de ajo, en rodajas
600g de champiñones grandes, en mitades
2 cucharadas de puré de tomate
2 cucharadas de mejorana fresca, picada
250g de jitomates cherry, en mitades
pimienta negra, recién molida
1 cucharada de hojas frescas de orégano, picadas

1 En una cazuela, calentar el aceite, agregar el ajo y sofreír a fuego medio durante 1 minuto; no dorar.
2 Añadir los champiñones y cocinar, sin dejar de revolver, durante 5 minutos, hasta que se mezclen y empiecen a suavizar.
3 Incorporar el puré de tomate, la mejorana, los jitomates, y cocinar a fuego lento hasta que los champiñones estén suaves. Servir espolvoreados con pimienta y hojas de orégano.

NOTA

Este platillo puede prepararse con dos días de anticipación y se sirve caliente o frío.

Sofreír el ajo a fuego medio hasta que suelte el aroma, pero que no se dore.

Añadir los champiñones y revolver hasta que empiecen a suavizar.

Cocinar a fuego lento hasta que los champiñones estén suaves.

Freír el puerro hasta que se suavice; agregar el caldo, el tomillo y las papas.

Con las pinzas, colocar la mitad de las papas en el refractario.

Con una cuchara, incorporar el puerro y el caldo por un costado, para que la cubierta no se moje.

Hornear, destapado, hasta que las papas se doren.

PAPAS AL HORNO CON PUERRO Y ACEITUNAS

Tiempo de preparación: 20 minutos
Tiempo de cocción: 1 hora
Porciones: 4-6

- 2 cucharadas de aceite de oliva extra virgen
- 1 puerro, finamente picado
- 1½ tazas de caldo de pollo
- 2 cucharaditas de tomillo fresco, picado
- 1kg de papas, peladas y en rodajas finas
- 6-8 aceitunas negras, sin hueso y picadas
- ½ taza de queso parmesano, recién rallado
- 30g de mantequilla, en trozos

1 Precalentar el horno a 180°C. Con un poco de aceite de oliva, barnizar un refractario de 5 tazas de capacidad. En una cazuela grande, calentar el resto del aceite y freír el puerro a fuego medio, hasta que se suavice. Agregar el caldo, el tomillo y las papas; tapar y cocer durante 5 minutos.

2 Con las pinzas, colocar la mitad de las papas en el refractario; esparcir las aceitunas y el queso parmesano, sazonar con sal y pimienta.

3 Poner otra capa con las papas restantes; con una cuchara, incorporar el puerro y el caldo por un costado del plato, para que la cubierta no se moje.

4 Colocar los trozos de mantequilla sobre las papas y hornear, sin tapar, durante 50 minutos, o hasta que se cueza y se dore. Dejar en un lugar caliente durante 10 minutos antes de servir.

NOTA

Conservar seca la cubierta de papa mientras se incorpora el caldo, es la manera de obtener un acabado crujiente.

MARISCOS

FILETES DE ATÚN CON ENSALADA CALIENTE ALUBIAS

Tiempo de preparación: 15 minutos
Tiempo de cocción: 10 minutos
Porciones: 4

4 filetes de atún
aceite de oliva, para barnizar
ralladura de limón

Ensalada caliente de alubias
3 cucharadas de aceite de oliva
1 diente de ajo, machacado
3 cebollas de cambray, picadas
1 pimiento rojo pequeño, picado
1 lata de 600g de alubias cannellini, enjuagadas y escurridas
1 achicoria, lavada y deshojada
12 aceitunas negras chicas
1 cucharada de jugo de limón

1 Barnizar los filetes de atún con aceite y cocinar en un sartén (o parrilla) durante 2 ó 3 minutos de cada lado. (El atún quedará crudo del centro, pero si se desea puede cocinarse otro minuto de cada lado). Poner en un plato, cubrir con papel aluminio y dejar reposar en un lugar caliente durante 5 minutos.

2 Ensalada caliente de alubias: En una cazuela, calentar el aceite y sofreír el ajo, las cebollas de cambray y el pimiento, hasta que estén suaves pero no dorados. Agregar las alubias y la achicoria, mover hasta que las hojas se suavicen. Añadir las aceitunas y el jugo de limón, sazonar con sal y pimienta al gusto.

3 Servir la ensalada en platos individuales y encima de ella, los filetes de atún espolvoreados con la ralladura de limón.

NOTA

Para obtener una ralladura fina, utilizar un rallador de limones.

Lavar la achicoria y separar las hojas.

Los filetes de atún quedan crudos del centro, pero si se desea pueden cocinarse un minuto más.

Poner el atún en un plato y cubrir con papel aluminio.

Agregar las alubias y la achicoria, mover hasta que las hojas se suavicen.

CALAMARES RELLENOS

Tiempo de preparación: 30 minutos
Tiempo de cocción: 20 minutos
Porciones: 4

8 calamares en tubo, medianos
40g de mantequilla
8 rebanadas de pancetta, finamente picadas
400g de camarones crudos, pelados, desvenados y finamente picados
1 taza de pan molido
¼ de taza de perejil fresco, picado
1 taza de queso parmesano, rallado
100g de mantequilla, adicional
3 dientes de ajo, machacados
1 cucharada de perejil fresco adicional, picado

1 Enjuagar los calamares bajo el chorro de agua fría. Con la mano, limpiar el interior y quitar la piel morada; enjuagar y secar con toallas de papel.
2 En un sartén pequeño, fundir la mantequilla; cocinar la pancetta y los camarones a fuego alto hasta que éstos se cuezan. Pasar a un recipiente, agregar el pan molido, el perejil y el queso parmesano; mezclar bien.
3 Dividir el relleno entre los calamares. En un sartén grande, fundir la mantequilla adicional con el ajo; freír los calamares rellenos, en tandas, durante 3 ó 4 minutos de cada lado, o hasta que se cuezan. Incorporar el perejil adicional. Colocar dos calamares en cada plato y bañar con un poco de la mantequilla con ajo.

Limpiar el interior de los calamares y quitar la piel morada.

Agregar el pan molido, el perejil y el queso parmesano; mezclar hasta incorporar bien.

Dividir el relleno entre los calamares, pero no llenar completos.

Freír los calamares, en tandas, durante 3 ó 4 minutos de cada lado.

NOTA

Rellenar ¾ partes del calamar, pues se encoge un poco cuando se cuece y si tiene mucho relleno, éste se saldrá.

PESCADO FRITO

Tiempo de cocción: 8 minutos
Porciones: 4

harina
aceite de oliva
4 filetes de pescado blanco, como pez espada o bacalao

1 En un plato, cernir el harina con un poco de sal y pimienta. En el harina sazonada, revolcar los filetes de pescado; eliminar el exceso.

2 En un sartén, calentar mucho aceite. De inmediato, meter los filetes al aceite caliente y freír durante 3 minutos de un lado, voltear, y freír del otro lado durante 2 minutos, o hasta que la cubierta esté crujiente y bien dorada. Bajar la flama y cocinar 2 ó 3 minutos más a fuego lento, hasta que la carne se parta fácilmente con un tenedor.

3 Sacar del sartén y escurrir un poco en toallas de papel; servir de inmediato acompañado con rodajas de limón, papas salteadas y una ensalada.

NOTA

De ser necesario, freír el pescado en tandas. No llenar en exceso el sartén porque se reduce la temperatura.

Revolcar los filetes de pescado en el harina sazonada y eliminar el exceso.

Freír el pescado durante 3 minutos y voltear. De ser necesario, cocinar en tandas.

Sacar del sartén y escurrir un poco en toallas de papel.

PESCADO AL HORNO CON PAN MOLIDO DE AJO

Tiempo de preparación: 15 minutos
Tiempo de cocción: 20 minutos
Porciones: 4

4 filetes de pescado blanco
(de 200g cada uno)
75g de mantequilla, fundida
3 dientes de ajo, machacados
2 tazas de pan molido fresco
(de pan italiano)
1 cucharada de perejil, finamente picado
rodajas de limón, para servir

1 Precalentar el horno a 200°C. Barnizar con aceite un refractario y colocar el pescado.
2 En un tazón, mezclar la mantequilla con el ajo y reservar. Combinar el pan molido con el perejil y cubrir el pescado con una capa gruesa; bañar con la mantequilla de ajo.
3 Hornear durante 20 minutos, o hasta que el pescado esté blanco y se parta con facilidad, y el pan molido esté dorado. Si el pan no se doró pero el pescado está blanco, meter el refractario unos minutos al asador. No apartar la vista porque podría quemarse muy rápido. Servir con rodajas de limón.

NOTA

Es muy fácil hacer el pan molido. Quitar la corteza a la rebanadas de pan (éste debe ser por lo menos del día anterior); poner el pan en el procesador de alimentos y mezclar hasta que se desmorone. Usar pan blanco común y corriente o italiano, como indica esta receta.

Barnizar con aceite un refractario y colocar el pescado.

Combinar el pan molido con el perejil y cubrir el pescado.

Hornear hasta que el pescado esté blanco y se parta con facilidad con un tenedor.

PESCADO EMPAPELADO

Tiempo de preparación: 20 minutos
Tiempo de cocción: 20 minutos
Porciones: 4

4 filetes de perca (de150-200g cada uno)
1 puerro, sólo la parte blanca, en juliana
(ver nota)
4 cebollas de cambray, en juliana
2 cucharaditas de cebollín, opcional
30g de mantequilla
1 limón, en 12 rodajas muy finas
jugo de 1 limón, adicional

1 Precalentar el horno a 180°C. Colocar un filete en el centro de un trozo de papel encerado, de tamaño suficiente para envolver el pescado.
2 Colocar el puerro, las cebollas de cambray y el cebollín; encima de cada filete, poner una cucharadita de mantequilla y 3 rodajas de limón; rociar el jugo de limón adicional. Envolver el pescado y doblar las orillas. Poner en una charola y hornear durante 20 minutos.
3 Verificar que el pescado esté cocido (debe estar blanco y partirse fácilmente con un tenedor) y servir. Cada persona puede abrir su pescado o puede sacarse y servir en platos calientes. El arroz integral es un buen acompañamiento para este platillo.

NOTA

Las tiras en juliana son muy delgadas, del tamaño de un cerillo y de longitud regular; las verduras en juliana se cuecen rápido y lucen atractivas.

Partir el puerro y las cebollas de cambray en tiras muy finas.

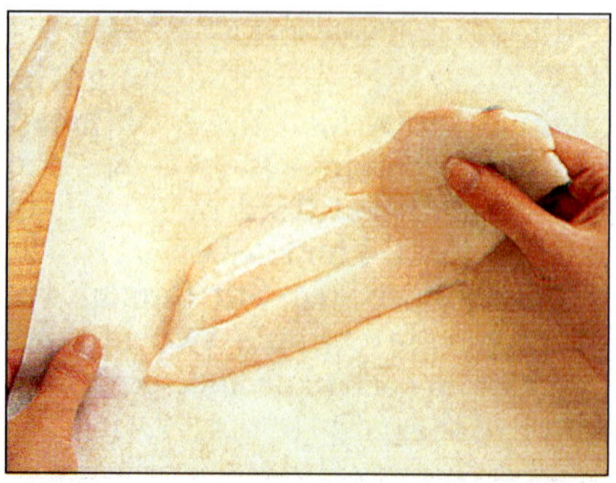
Colocar los filetes en el centro de un pedazo de papel encerado.

Poner las verduras en juliana, la mantequilla y las rodajas de limón.

Pescado al horno con pan molido de ajo (arriba) y Pescado empapelado

Quitar la cabeza a las sardinas, hacer un corte de la cola a la cabeza y abrir.

Pelar con cuidado y retirar el esqueleto.

Mezclar el pan molido, el ajo, las alcaparras, el queso parmesano, la pimienta y la yema de huevo.

Con una cuchara, servir un poco del relleno en cada sardina; colocar en la charola y hornear.

SARDINAS RELLENAS

Tiempo de preparación: 40 minutos
Tiempo de cocción: 20 minutos
Porciones: 4

8 sardinas grandes
$\frac{1}{3}$ de taza de pan molido
1 diente de ajo, machacado
1 cucharada de alcaparras, finamente picadas
2 cucharadas de queso parmesano, rallado
pimienta negra, molida
1 yema de huevo, ligeramente batida
jugo de 1 limón, para servir

1 Precalentar el horno a 200°C. Engrasar ligeramente una charola para horno.

2 Quitar la cabeza a las sardinas; hacer un corte de la cola a la cabeza y abrir; limpiar y pelar con cuidado; dejar la cola intacta; retirar el esqueleto y tirar. Lavar bien las sardinas y escurrir en toallas de papel.

3 Mezclar el pan molido, el ajo, las alcaparras, el queso parmesano, la pimienta y suficiente yema de huevo para incorporar los ingredientes. Con una cuchara, servir un poco del relleno en cada sardina; colocar en la charola y hornear durante 20 minutos, hasta que se doren. Servir bañadas con jugo de limón.

NOTA

En algunas pescaderías, venden las sardinas ya limpias y fileteadas. Esto facilita y agiliza la preparación de la receta.

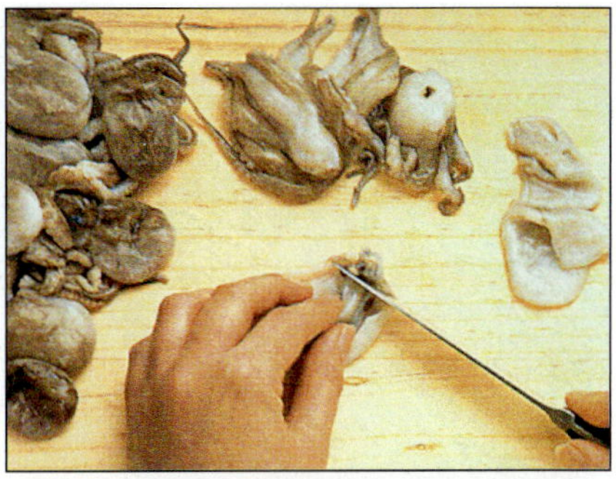

Cortar, abrir y limpiar las cabezas.

Quitar los picos y partir los tentáculos en secciones.

Sofreír los pulpos a fuego alto hasta que se opaquen.

Cuando se evapore casi todo el líquido, añadir el jitomate y las cebollas.

PULPOS EN SALSA DE JITOMATE

Tiempo de preparación: 20 minutos
Tiempo de cocción: 1 hora 10 minutos
Porciones: 4-6

1kg de pulpos baby
2 cucharadas de aceite de oliva
$^{1}/_{3}$ de taza de vino blanco seco
500g de jitomates maduros, pelados y picados
4 cebollas en escabeche, peladas y en cuartos
1 diente de ajo, machacado
2 cucharadas de perejil fresco, picado

1 Lavar los pulpos y quitar las cabezas; abrirlas, limpiarlas, lavarlas y escurrirlas. Retirar los picos y partir los tentáculos en secciones de cuatro.

2 En una cazuela grande, calentar mucho el aceite; agregar los pulpos y sofreír a fuego alto durante 10 minutos, o hasta que éstos estén opacos y la cazuela casi seca. Añadir el vino y cocinar, sin tapar, hasta que la mayor parte del líquido se haya evaporado; incorporar el jitomate y las cebollas. Dejar que suelte el hervor, bajar la flama y cocinar a fuego lento entre 45 minutos y 1 hora, o hasta que todo esté cocido.

3 Servir caliente o tibio, espolvoreado con la mezcla de ajo, perejil y pimienta.

NOTA

Para pelar los jitomates, marcar una cruz en la base, sumergir en agua caliente y luego en fría. Quitar la piel donde se marcó la cruz.

TRUCHA EN SALSA DE PUERRO Y ALCAPARRAS

Tiempo de preparación: 10 minutos
Tiempo de cocción: 10 minutos
Porciones: 4

45g de mantequilla, fundida
4 filetes gruesos de trucha
(de 155g cada uno)

Salsa de puerro y alcaparras
50g de mantequilla
1 puerro, picado
1 taza de vino blanco (chardonnay)
2 cucharadas de alcaparras, escurridas
1 cucharada de perejil, picado

1 Con la mantequilla fundida, barnizar una charola para horno y poner el pescado. Untar con mantequilla y asar a fuego medio, sin voltear, hasta que los filetes estén cocidos. Sacar y cubrir con papel aluminio para conservar caliente mientras se prepara la salsa.

2 Salsa de puerro y alcaparras: En una cazuela, fundir la mantequilla y sofreír el puerro hasta que esté suave, pero no dorado. Añadir el vino y cocinar 3 ó 4 minutos. Agregar las alcaparras y el perejil, sazonar con sal y pimienta al gusto; retirar del fuego.

3 Con una cuchara, bañar el pescado con la salsa y servir de inmediato.

NOTA

La trucha puede sustituirse por filetes de salmón o de cualquier pescado blanco.

Para lavar el puerro, separar las láminas (pero no hasta la base).

Barnizar las truchas con mantequilla fundida y asar hasta que se cuezan.

Agregar las alcaparras, el perejil, sal y pimienta; retirar del fuego.

Una vez que los mejillones enfríen ligeramente, sacar de sus conchas.

Mezclar el puré de tomate con agua, incorporar al líquido y batir.

Poco a poco, agregar la leche, moviendo constantemente a fuego lento hasta que espese.

Con una cuchara, incorporar la salsa blanca a los mejillones revueltos con la salsa de jitomate.

MEJILLONES EN DOS SALSAS

Tiempo de preparación: 25 minutos
Tiempo de cocción: 45 minutos
Porciones: 4

3 cucharadas de aceite de oliva
1.25kg de mejillones en sus conchas, limpios
3 cucharadas de queso mozzarella, rallado
2 cucharadas de queso parmesano, rallado

Salsa de jitomate
2 dientes de ajo, machacados
½ taza de vino blanco
3 cucharadas de puré de tomate

Salsa blanca
25g de mantequilla
¼ de taza de harina
1 taza de leche

1 En una cazuela grande, calentar la mitad del aceite. Agregar los mejillones y cocinar durante 5 minutos, hasta que se abran; desechar los que quedaron cerrados. Colar el líquido y reservar. Dejar enfriar los mejillones y sacar de sus conchas. Precalentar el horno a 190°C.

2 Salsa de jitomate: En una cazuela, calentar el resto del aceite, añadir el ajo y freír hasta que se dore. Agregar el vino y el líquido reservado; cocinar durante 5 minutos. Mezclar el puré con 3 cucharadas de agua; incorporar al líquido y batir con el batidor manual. Cocinar 10 minutos más y sazonar con sal y pimienta al gusto.

3 Salsa blanca: En una cazuela, fundir la mantequilla; agregar el harina y cocinar 1 minuto. Poco a poco, agregar la leche y cocinar a fuego lento hasta que la salsa espese. Sazonar.

4 Revolver los mejillones con la salsa de jitomate y vaciar en cuatro moldes refractarios individuales; con una cuchara, incorporar la salsa blanca; espolvorear con los quesos y hornear durante 20 minutos. Servir con pan crujiente.

FALERN

CARNE Y POLLO

CHULETAS DE CORDERO CON ACEITUNAS Y LIMÓN

Tiempo de preparación: 15 minutos + tiempo para marinar
Tiempo de cocción: 10 minutos
Porciones: 4

12 chuletas de cordero
2 cucharadas de aceite de oliva
jugo y ralladura de 1 limón
1 diente de ajo, machacado
1 cucharadita de romero fresco, finamente picado
1 cucharadita de mantequilla
16 aceitunas negras, en láminas
2 cucharadas de perejil, picado

1 Quitar la grasa a las chuletas y colocar en un platón. Verter 1 cucharada de aceite, el jugo y la ralladura de limón, el ajo y el romero picado. Dejar marinar cuando menos 30 minutos.

2 En un sartén grande, calentar el resto del aceite y la mantequilla. Escurrir las chuletas, reservar la marinada, y freír a fuego medio hasta que se cuezan, voltear una vez. Sacar del sartén y reservar.

3 Quitar el exceso de grasa del sartén y añadir las aceitunas, el perejil y la marinada. Dejar que suelte el hervor y cocinar durante 2 minutos. Sazonar con sal y pimienta al gusto, verter sobre las chuletas y servir con puré de papas o papas al horno.

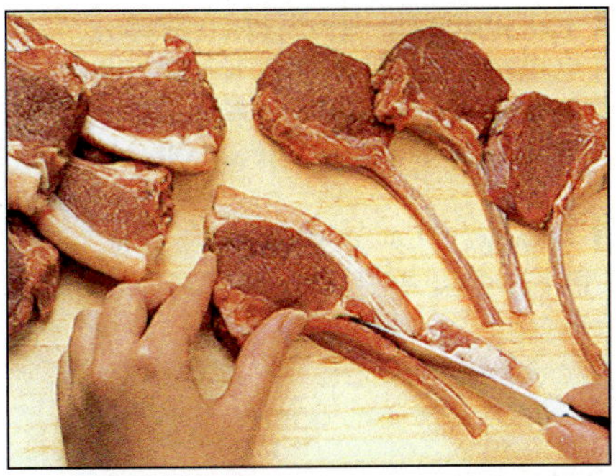

Quitar la grasa a las chuletas, dejar sólo la carne y el hueso.

Verter 1 cucharada de aceite, el jugo y la ralladura de limón, el ajo y el romero.

Freír las chuletas a fuego medio hasta que se cuezan, voltear una vez.

Añadir las aceitunas, el perejil y la marinada, cocinar durante 2 minutos.

POLLO CON MIEL

Tiempo de preparación: 15 minutos
Tiempo de cocción: 55 minutos
Porciones: 6-8

2 pollos chicos (1.5kg)
1 cucharada de aceite de oliva ligero

Miel
3 cucharadas de miel
jugo y ralladura de 1 limón
1 cucharada de romero, finamente picado
1 cucharada de vino blanco seco
1 cucharada de vinagre de vino blanco
2 cucharaditas de mostaza Dijon
1½ cucharadas de aceite de oliva

1 Precalentar el horno a 180°C. Partir el pollo a la mitad por el esternón y deshuesar. Cortar el pollo en cuartos; barnizar con aceite y sazonar ligeramente. Colocar en la rejilla de un asador, con la piel hacia abajo, y rostizar durante 20 minutos.

2 Miel: En una cazuela pequeña, mezclar todos los ingredientes. Dejar que suelte el hervor, bajar la flama y cocinar durante 5 minutos.

3 Una vez cocidas de un lado, voltear las piezas de pollo y barnizar bien con la miel caliente. Regresar al horno y rostizar durante 20 minutos; volver a barnizar con la miel y cocinar 15 minutos más. Servir frío o caliente.

NOTA

Para verificar que el pollo esté cocido, pinchar la carne en su porción más gruesa; el jugo que escurra deberá ser de color claro.

Partir el pollo a la mitad por el esternón.

Cortar el pollo en cuartos, para ello son más útiles las tijeras de cocina que un cuchillo.

Cocer un lado del pollo, voltear y barnizar con la miel caliente.

PUERCO CON SALSA DE CREMA Y MOSTAZA

Tiempo de preparación: 10 minutos
Tiempo de cocción: 25 minutos
Porciones: 4

2 cucharadas de aceite de oliva
4 filetes de puerco
1 cebolla, en rodajas
2 dientes de ajo, machacados
½ taza de vino blanco
1 taza de crema
2 cucharadas de mostaza
2 cucharadas de perejil, picado

1 En un sartén grande, calentar el aceite y freír la carne durante 3 ó 4 minutos de cada lado. Pasar a un plato y reservar.

2 Bajar la flama y agregar la cebolla; sofreír hasta que esté suave, agregar el ajo y cocinar durante 1 minuto. Incorporar el vino, cocinar hasta que se consuma la mitad del líquido.

3 Añadir la crema y la mostaza, cocinar durante 5 minutos. Agregar la carne y cocinar 5 minutos más. Incorporar el perejil y sazonar al gusto. Servir de inmediato, la carne se baña con la salsa.

Freír la carne en aceite durante 3 ó 4 minutos de cada lado, hasta que se dore.

Sofreír la cebolla y el ajo hasta que estén suaves y dorados; agregar el vino y cocinar.

Añadir la carne y cocinar durante 5 minutos. Incorporar el perejil.

MEDALLONES DE RES CON PROSCIUTTO Y CHAMPIÑONES

Tiempo de preparación: 15 minutos
Tiempo de cocción: 25 minutos
Porciones: 4

2 cucharadas de aceite de oliva
200g de champiñones, sin tallos
60g de prosciutto, cortado en tiras gruesas
4 medallones de res
2 dientes de ajo, machacados
2 cucharadas de perejil fresco de hoja lisa, picado
¼ de taza de vino blanco seco
½ taza de crema

1 Precalentar el horno a 200°C. En un sartén hondo y refractario, de tamaño suficiente para que quepan los 4 medallones sin encimarlos, calentar el aceite; agregar los champiñones y el prosciutto, revolver hasta que empiecen a dorar.

2 Colocar los medallones sobre los champiñones, espolvorear con el ajo y el perejil, y verter el vino. Dejar que suelte el hervor, bajar la flama, cubrir el sartén (con un tapadera o con papel aluminio) y hornear 10 ó 15 minutos, o hasta que la carne se cueza al gusto.

3 Separar la carne para conservar caliente. Poner el sartén en la estufa, añadir la crema y dejar que hierva 3 ó 5 minutos, o hasta que espese ligeramente. Servir de inmediato sobre los medallones.

NOTA

El perejil de hoja lisa también se conoce como italiano o continental.

Agregar los champiñones y el prosciutto al aceite y revolver hasta que empiecen a dorar.

Espolvorear la carne con ajo y perejil, verter el vino.

Añadir la crema y dejar que hierva 3-5 minutos, o hasta que espese ligeramente.

ROLLOS DE RES RELLENOS DE ALCACHOFAS

Tiempo de preparación: 20 minutos
Tiempo de cocción: 50 minutos
Porciones: 4

8 bisteces de bola de res
(de 80g cada uno)
100g de prosciutto, finamente picado
50g de mantequilla, fundida
4 corazones de alcachofa
2 cucharadas de tomillo fresco, picado
harina, para rebozar
1/3 de taza de vino blanco seco
1/2 taza de caldo de res

1 Con un mazo para carne (o un rodillo), aplanar la carne hasta que quede muy delgada. Mezclar el prosciutto y 1 cucharada de mantequilla, y esparcir sobre la carne. Partir los corazones de alcachofa en cuatro y colocar los trozos de manera uniforme sobre el prosciutto. Espolvorear con tomillo, sal y pimienta al gusto.

2 Envolver la carne y amarrar con un cordón cada rollo para que no se deshaga.

3 En un sartén, calentar el resto de la mantequilla. Rebozar los rollos en un poco de harina, eliminar el exceso y freír hasta que se doren. Agregar el vino y el caldo de res, tapar y cocinar durante 45 minutos. Voltear la carne varias veces durante la cocción.

4 Sacar los rollos de carne con una espumadera, tapar y conservar calientes. Regresar el sartén al fuego, cocinar hasta que la salsa se reduzca y espese ligeramente. Sazonar con sal y pimienta al gusto. Quitar el cordón a los rollos y bañar con la salsa antes de servir.

NOTA

Para preparar caldo de res casero, hornear 2kg de huesos de res a 210°C durante 30 minutos; después, cocinar en una cazuela grande con zanahorias, cebolla y apio picados, hierbas de olor, y 3 litros de agua, durante 4 horas. El caldo de res ya preparado es muy útil, pero salado. En ese caso, usar la mitad del caldo con la mitad de agua.

Cubrir los bisteces con un plástico y aplanar con un mazo para carne.

Envolver la carne y amarrar con un cordón.

Agregar el vino, un poco más de sal, pimienta negra y el caldo de res.

Sacar los rollos y cocinar la salsa hasta que se reduzca y espese.

RISOTTO, POLENTA Y PAN

RISOTTO CON CAMARONES AL AZAFRÁN

Tiempo de preparación: 20 minutos
Tiempo de cocción: 40 minutos
Porciones: 4

¼ de cucharadita de azafrán
500g de camarones, crudos
⅓ de taza de aceite de oliva
2 dientes de ajo, machacados
3 cucharadas de perejil, picado
3 cucharadas de jerez seco
3 cucharadas de vino blanco
6 tazas de caldo de pescado
1 cebolla, picada
2 tazas de arroz arborio

1 Remojar el azafrán en 3 cucharadas de agua. Pelar y desvenar los camarones, dejar la cola intacta. En un sartén, calentar 2 cucharadas de aceite de oliva; agregar el ajo, el perejil y los camarones, sazonar con sal y pimienta al gusto. Cocinar durante 2 minutos; añadir el jerez, el vino y el azafrán con el agua. Con una espumadera, sacar los camarones; cocinar hasta que el líquido se reduzca a la mitad. Incorporar el caldo de pescado y 1 taza de agua; cocinar.

2 En una cazuela grande, calentar el resto del aceite; agregar la cebolla y el arroz, sofreír durante 3 minutos. Conservar el sartén con el caldo en punto constante de cocción, verter ½ taza de caldo al arroz. Con una cuchara, mover constantemente a fuego lento, hasta que se absorba el líquido. Añadir otra ½ taza de caldo y repetir el proceso, hasta que se haya usado todo el caldo y el arroz esté suave y cremoso, lo que tardará entre 25 y 30 minutos.

3 Incorporar los camarones, calentar y servir con un poco de queso parmesano rallado.

NOTA

El azafrán es la especia más cara del mundo, pero esta receta requiere una cantidad muy pequeña.

Cocinar los camarones durante 2 minutos y sacar con una espumadera.

Conservar el caldo cociéndose en una cazuela aparte y agregar poco a poco.

POLENTA DE CARVI CON PUERRO COCIDO

Tiempo de preparación: 10 minutos
Tiempo de cocción: 30 minutos
Porciones: 4

6 tazas de caldo de pollo
1½ tazas de polenta
2 cucharaditas de semillas de carvi
45g de mantequilla
2 puerros grandes, en juliana
250g de queso fontina italiano, en cubos

1 En una cazuela, poner a hervir el caldo; verter la polenta en un chorro fino, sin dejar de mover. Agregar las semillas de carvi y bajar la flama, cocer durante 20 ó 25 minutos, o hasta que la polenta esté muy suave.

2 En un sartén, fundir la mantequilla a fuego medio y añadir los puerros; tapar y cocinar, moviendo de vez en cuando, hasta que esté suave. Incorporar los cubos de queso, revolver un par de ocasiones y retirar del fuego.

3 Servir la polenta en platos individuales en forma de nido y bañar el centro con los puerros y el queso.

NOTA

El caldo preparado es muy salado; en ese caso, usar la mitad del caldo y la mitad de agua.

La polenta también se conoce como maicena y se adquiere en cualquier supermercado o tienda delicatessen.

Con un cuchillo afilado, cortar los puerros en tiras delgadas y largas.

Hervir el caldo y vaciar la polenta, sin dejar de mover.

Cocinar los puerros en mantequilla hasta que se suavicen; incorporar el queso.

RISOTTO DE CHÍCHAROS Y PANCETTA

Tiempo de preparación: 25 minutos
Tiempo de cocción: 45 minutos
Porciones: 4

- 1 cucharada de aceite de oliva
- 1 tallo de apio, picado
- 2 cucharadas de perejil fresco, picado
- pimienta negra, recién molida
- 75g de pancetta, en trozos grandes
- 250g de chícharos (frescos o congelados)
- ½ taza de vino blanco seco
- 3 tazas de caldo de pollo
- 60g de mantequilla
- 1 cebolla, picada
- 2 tazas de arroz arborio
- ⅓ de taza de queso parmesano, recién rallado

1 En un sartén, calentar el aceite; agregar el apio, el perejil y la pimienta; sofreír a fuego medio durante unos minutos para que el apio se suavice. Añadir la pancetta y mover hasta que empiece a doblarse. Incorporar los chícharos y la mitad del vino; dejar que suelte el hervor, bajar la flama y cocinar, sin tapar, hasta que se evapore casi todo el líquido. Reservar.

2 En una cazuela, verter el caldo y 3 tazas de agua; conservar en cocción.

3 En un sartén grande, calentar la mantequilla; añadir la cebolla y freír hasta que se suavice. Agregar el arroz y revolver muy bien. Verter el resto del vino, dejar que hierva y se evapore. Incorporar ½ taza del caldo caliente al arroz. Con una cuchara de madera, mover constantemente a fuego lento, hasta que se absorba todo el caldo. Repetir el proceso hasta que se haya usado todo el caldo y el arroz esté suave y cremoso, lo que tardará entre 25 y 30 minutos.

4 Agregar la mezcla de chícharos, el queso parmesano y servir de inmediato; adornar con ralladura de parmesano y pimienta negra en polvo.

Cuando las orillas de la pancetta empiecen a doblarse, agregar los chícharos y la mitad del vino.

En una cazuela, verter el caldo con agua y conservar en cocción.

Freír la cebolla en la mantequilla, añadir el arroz y revolver hasta mezclar bien.

Una vez cocido el arroz, incorporar la mezcla de chícharos y el queso parmesano.

NOTA

Si es época de chícharos, 500g de chícharos en vaina equivalen a 250g de chícharos pelados.

RISOTTO DE CALABAZA Y ZANAHORIA

Tiempo de preparación: 15 minutos
Tiempo de cocción: 35 minutos
Porciones: 4

90g de mantequilla
1 cebolla, finamente picada
250g de calabaza, pelada y en cubos
2 zanahorias, en cubos
7-8 tazas de caldo de verdura
2 tazas de arroz arborio
90g de queso romano, rallado
¼ de cucharadita de nuez moscada
pimienta negra, recién molida

1 En una cazuela grande, calentar 60g de mantequilla; agregar la cebolla y freír 1 ó 2 minutos, o hasta que esté suave. Añadir la calabaza y la zanahoria; cocer 8 ó 10 minutos, o hasta que estén suaves; machacar ligeramente. En otra cazuela, conservar el caldo en cocción.

2 Incorporar el arroz a las verduras y cocinar durante 1 minuto, moviendo de vez en cuando. Verter suficiente caldo para cubrir el arroz; revolver bien. Bajar la flama y añadir más caldo conforme se absorba. Repetir el proceso hasta que el arroz esté suave y cremoso, lo que tardará entre 25 y 30 minutos.

3 Retirar del fuego; agregar el resto de la mantequilla, el queso, la nuez moscada y la pimienta; revolver con un tenedor. Tapar y dejar reposar durante 5 minutos antes de servir.

NOTA

El romano es un queso duro, para rallar, parecido al parmesano.

En una cazuela grande, calentar la mantequilla y freír la cebolla hasta que esté suave.

Cocer la calabaza y la zanahoria hasta que estén suaves; machacar un poco.

El secreto de un buen risotto es agregar el caldo poco a poco y mover con frecuencia.

Agregar la polenta al caldo y revolver constantemente hasta que esté muy espesa.

Con el dorso de una cuchara, esparcir la polenta en el molde.

Colocar capas de rebanadas de polenta, mantequilla y queso.

Agregar una capa final de polenta y espolvorear con queso parmesano.

POLENTA AL HORNO CON TRES QUESOS

Tiempo de preparación: 20 minutos + 2 horas para refrigerar
Tiempo de cocción: 45 minutos
Porciones: 4

Polenta
2½ tazas de caldo de pollo
2 tazas de polenta
½ taza de queso parmesano, recién rallado

Relleno de queso
100g de queso havarti, en rebanadas
100g de queso mascarpone
100g de queso Rockefort, desmoronado
100g de mantequilla, en rebanadas finas
½ taza de queso parmesano, recién rallado

1 Polenta: Engrasar con aceite un molde para panqué de 7 tazas de capacidad. En una cazuela grande, verter el caldo con 2 tazas de agua y dejar que suelte el hervor. Agregar la polenta y revolver durante 10 minutos, hasta que esté muy espesa.

2 Retirar del fuego e incorporar el queso parmesano. Vaciar en el molde y alisar la superficie. Refrigerar durante 2 horas y después partir en rebanadas finas, aproximadamente 30. Precalentar el horno a 180°C.

3 Engrasar con aceite un refractario. Colocar una capa de rebanadas de polenta, cubrir con la mitad de los quesos y la mitad de mantequilla. Agregar otra capa de polenta y cubrir con el resto de los quesos y de la mantequilla. Añadir una capa final de polenta y espolvorear con queso parmesano. Hornear durante 30 minutos, o hasta que se forme una cubierta dorada. Servir de inmediato.

NOTA

El havarti es un queso danés de sabor fuerte.

BOLLOS DE JITOMATE DESHIDRATADO

Tiempo de preparación: 20 minutos + tiempo para reposar
Tiempo de cocción: 40 minutos
Porciones: 16 bollos

- 3 cucharadas de aceite de oliva
- 2 cebollas moradas, picadas
- 2 cucharadas de puré de tomate
- 2/3 de taza de jitomates deshidratados, picados
- 1 cucharada de orégano fresco, picado
- 2 cucharaditas de romero fresco, picado
- 1/4 de cucharadita de hojuelas de chile
- 14g de levadura
- 6 tazas de harina
- 3 cucharaditas de sal
- 2 cucharadas de polenta
- 1 clara de huevo, ligeramente batida

1 En un sartén, calentar el aceite y freír la cebolla hasta que esté muy suave; incorporar el puré de tomate, los jitomates, las hierbas y el chile. Enfriar a temperatura ambiente.

2 En un tazón, poner la levadura, 1 taza de agua tibia y 1 taza de harina; batir hasta que quede una pasta homogénea y dejar en un lugar caliente durante 20 minutos, o hasta que esté espumosa.

3 En un tazón grande, cernir el resto del harina y la sal; hacer un hueco en el centro y vaciar la levadura, 1 taza de agua tibia y la mezcla de jitomate. Mezclar poco a poco hasta obtener una masa suave y pegajosa. Colocar en una superficie ligeramente enharinada y amasar durante 5 minutos. Poner en un tazón engrasado, tapar con plástico adherente engrasado y dejar en un lugar caliente durante 1 hora, o hasta que duplique su tamaño. Engrasar dos moldes redondos para pastel de 20cm y espolvorear con un poco de polenta.

4 Vaciar la masa sobre una superficie ligeramente enharinada y amasar durante 3 minutos; dividir en 16 porciones; formar pelotas y colocar en los moldes. Hacer 2 ó 3 cortes en cada bollo. Dejar en un lugar caliente durante 20 minutos o hasta que se esponjen; barnizar con la clara de huevo y espolvorear con polenta. Precalentar el horno a 200°C.

5 Hornear durante 30 minutos (tapar con papel aluminio para que no se doren mucho). Para que los bollos queden crujientes, rociar con un poco de agua tres veces durante el horneado. Desmoldar en un rejilla metálica y servir.

Revolver levadura, agua y harina; dejar en un lugar caliente hasta que esté espumosa.

Agregar la levadura, agua tibia y la mezcla de jitomate al harina.

Dejar la masa en un lugar caliente durante 1 hora, o hasta que duplique su tamaño.

Dividir la masa en 16 porciones, formar pelotas y colocar en los moldes.

POLENTA ASADA CON CHAMPIÑONES SILVESTRES

Tiempo de preparación: 30 minutos + tiempo para refrigerar
Tiempo de cocción: 1 hora 20 minutos
Porciones: 6-8

Polenta
2½ tazas de caldo de pollo
2 tazas de polenta
1 taza de queso parmesano, recién rallado

Salsa de champiñones
1kg de champiñones, diversos
½ taza de aceite de oliva
½ taza de perejil, picado
4 dientes de ajo, finamente picados
1 cebolla, picada

1 Polenta: En una cazuela grande, hervir el caldo con 2 tazas de agua. Agregar la polenta y mover constantemente durante 10 minutos, hasta que esté muy espesa. Retirar del fuego e incorporar el queso parmesano. Engrasar con aceite un molde redondo de 20cm, vaciar la polenta y alisar la superficie. Refrigerar durante 2 horas, sacar y partir en 6-8 rebanadas.

2 Salsa de champiñones: Limpiar los champiñones con un trapo húmedo y cortar en trozos gruesos los más grandes. En una cazuela, poner los champiñones, el aceite, el ajo, el perejil y la cebolla. Revolver, tapar y cocinar durante 50 minutos, o hasta que estén cocidos los champiñones. Destapar y cocinar durante 10 minutos, o hasta que quede muy poco líquido. Reservar.

3 Barnizar con aceite de oliva un lado de la polenta y cocinar durante 5 minutos en el asador precalentado, hasta que se doren las orillas. Recalentar la salsa de champiñones y servir sobre las rebanadas de polenta.

NOTA

Usar champiñones pequeños, si no se encuentran otras variedades.

Revolver la polenta hasta que esté muy espesa, retirar del fuego y agregar el queso parmesano.

Refrigerar durante 2 horas, desmoldar y cortar en rebanadas.

Destapar los champiñones y cocinar durante 10 minutos, hasta que quede poco líquido.

POSTRES

NATILLA FRÍA DE NARANJA

Tiempo de preparación: 30 minutos
+ tiempo para refrigerar
Tiempo de cocción: 5 minutos
Porciones:6

½ taza de jugo de naranjas sanguinas
3 cucharaditas de grenetina
4 yemas de huevo
½ taza de azúcar refinada
1¼ tazas de leche
1 cucharadita de ralladura de naranja
1 taza de crema

1 Meter un tazón al congelador para enfriar. Con unas gotitas de aceite de almendras o de oliva ligero, engrasar con la yema de los dedos el interior de 6 moldes de flan con capacidad de ½ taza. Poner el jugo de naranja en un recipiente pequeño e incorporar la grenetina; reservar.

2 En un tazón pequeño, batir las yemas de huevo y el azúcar hasta que espesen. En una cazuela, calentar la leche y la ralladura; poco a poco, incorporar a la mezcla de huevo y azúcar, sin dejar de batir. Regresar a la cazuela y revolver hasta que la natilla cubra el dorso de una cuchara; no debe hervir. Agregar la mezcla de grenetina y revolver para disolver.

3 De inmediato, colar la natilla en el recipiente frío. Dejar enfriar, moviendo de vez en cuando, hasta que empiece a espesar. Batir la mantequilla a punto de nieve e incorporar a la natilla. Con una cuchara, vaciar en los moldes y refrigerar hasta cuajar. Servir con crema, si de desea.

NOTA

La época de naranjas sanguinas es corta, pero le dan mejor color. Pueden usarse mandarinas o naranjas nável, o de Valencia.

En un tazón, poner el jugo de naranja e incorporar la grenetina.

Revolver la natilla hasta cubrir el dorso de una cuchara.

Colar la natilla en el tazón frío.

Batir la crema a punto de nieve y con una cuchara de metal mezclar con la natilla

SOUFFLÉ DE QUESO RICOTTA Y FRAMBUESA

Tiempo de preparación: 20 minutos
Tiempo de cocción: 25 minutos
Porciones: 4

4 huevos, separados
½ taza de azúcar refinada
350g de queso ricotta, fresco
¼ de taza de pistaches, finamente picados
1 cucharadita de ralladura de limón
2 cucharadas de jugo de limón
1 cucharada de azúcar de vainilla (ver nota)
200g de frambuesas, frescas

1 Precalentar el horno a 180°C. En un tazón, batir las yemas de huevo y el azúcar, hasta que estén pálidas y cremosas. Pasar a un recipiente más grande y agregar el queso ricotta, los pistaches, la ralladura de limón y el jugo; mezclar bien.
2 En otro tazón, batir las claras a punto de turrón. Incorporar el azúcar de vainilla y la mezcla de queso ricotta; revolver.
3 Engrasar ligeramente 4 moldes para soufflé con capacidad de 1 taza. Dividir las frambuesas entre los moldes y con una cuchara, cubrir con el relleno de queso ricotta. Colocar en una charola y hornear 20 ó 25 minutos, o hasta que estén esponjados y ligeramente dorados. Servir de inmediato, espolvoreados con azúcar glass.

NOTA

El azúcar de vainilla se adquiere en el supermercado, o puede hacerse en casa. Partir una raja de canela a la mitad y meter en un recipiente con 1kg de azúcar refinada. Dejar reposar cuando menos 4 días antes de usar.

Batir las yemas de huevo con el azúcar hasta que estén pálidas y cremosas.

Con una cuchara de metal, incorporar las claras, tratando de conservar el volumen.

Poner las frambuesas en los moldes y cubrir con el relleno de queso ricotta.

HIGOS RELLENOS

Tiempo de preparación: 20 minutos
Tiempo de cocción: 5 minutos
Porciones: 15

50g de almendras
15 higos secos, suaves
1/3 de taza de ralladura mixta
100g de mazapán, en trozos

1 Precalentar el horno a 180°C. Poner las almendras en una charola y hornear durante 5 minutos, hasta que se doren ligeramente. Dejar enfriar.

2 Quitar el tallo a los higos. Cortar una cruz en la parte superior de los higos hacia la base y abrir como flor.

3 En el procesador de alimentos, poner la ralladura y las almendras; moler hasta que se trituren. Agregar el mazapán y moler hasta que quede una pasta fina y con consistencia de migajas.

4 Con las manos, hacer bolitas con 2 cucharaditas de la pasta de mazapán; rellenar los higos con 1 bolita y cerrar los pétalos del higo para dar forma. Servir a temperatura ambiente para acompañar el café.

NOTA

Las bases de los higos pueden remojarse en chocolate fundido.

Los higos pueden conservarse hasta 2 días en un recipiente con tapa y acomodados en una sola capa.

Quitar el tallo a los higos.

Cortar una cruz en la parte superior de los higos y abrir como si fueran una flor.

Colocar una bolita de relleno de mazapán en cada higo y cerrar para dar forma.

PUDINES DE AVELLANA CON SALSA CREMOSA DE CHOCOLATE Y CREMA DE MIEL

Tiempo de preparación: 40 minutos
Tiempo de cocción: 40 minutos
Porciones: 8

30g de mantequilla, fundida
1/2 taza de avellanas, molidas
125g de mantequilla
1/2 taza de azúcar refinada
3 huevos, ligeramente batidos
2 tazas de harina, cernida
2 cucharaditas de polvo para hornear, cernido
1/2 taza de pasas
1/3 de taza de brandy
1/3 de taza de suero de leche
ralladura de chocolate blanco, para decorar

Salsa cremosa de chocolate
1 taza de crema
30g de mantequilla
200g de chocolate oscuro, en trozos

Crema de miel
3 yemas de huevo
3 cucharadas de miel
2 cucharadas de brandy
1/2 taza de crema

1 Precalentar el horno a 180°C. Engrasar con mantequilla fundida, 8 moldes para soufflé con capacidad de 1/2 taza, espolvorear con las avellanas molidas y eliminar el exceso. Con la batidora eléctrica, batir la mantequilla y el azúcar hasta que estén ligeras y cremosas. Poco a poco, agregar los huevos, batiendo bien después de cada adición. Incorporar las pasas, el harina, el brandy y el suero de leche. Con una cuchara, vaciar en los moldes, cubrir con papel aluminio engrasado y amarrar con un cordón.

2 Colocar los pudines en una charola grande y verter suficiente agua para cubrir 3/4 partes de los moldes. Hornear durante 25 minutos, poniendo más agua si es necesario. Antes de sacar los moldes de la charola, insertar un palillo en el centro del pudín y si sale limpio, ya está cocido.

3 Salsa cremosa de chocolate: En una cazuela pequeña, poner la crema, la mantequilla y el chocolate; cocinar a fuego lento sin dejar de mover hasta que se fundan y estén homogéneos. Retirar del fuego y reservar.

4 Crema de miel: Batir las yemas de huevo hasta que estén espesas y pálidas; calentar a baño maría e incorporar la miel. Batir durante 5 minutos, hasta que espese. Retirar del fuego y dejar enfriar a temperatura ambiente; añadir el brandy. En un recipiente pequeño, batir la crema a punto de nieve y agregar a la mezcla de huevo.

5 Servir la salsa cremosa de chocolate en la mitad de un plato individual y rellenar la otra mitad con la crema de miel. Desmoldar los pudines calientes en el centro de cada plato y decorar con ralladura de chocolate blanco.

NOTA

La ralladura de chocolate se obtiene pasando un pelador por la tableta de chocolate; o fundir el chocolate y cubrir con una capa fina de éste una superficie homogénea, como una tabla de mármol. Cuando el chocolate cuaje, hacer la ralladura con un cuchillo afilado.

Engrasar los moldes para soufflé con mantequilla y espolvorear con las avellanas molidas.

Batir el azúcar y la mantequilla hasta que estén ligeras y cremosas.

Cubrir los moldes con papel aluminio y amarrar con un cordón.

Verter agua en la charola para hornear a baño maría.

Colocar el tazón a baño maría y batir hasta que espese.

Desmoldar los pudines desprendiendo las orillas con ayuda de un cuchillo.

TARTA DE CHOCOLATE Y QUESO RICOTTA

Tiempo de preparación: 20 minutos + tiempo para refrigerar
Tiempo de cocción: 1 hora
Porciones: 8-10

1½ tazas de harina
100g de mantequilla, fría y en trozos
2 cucharadas de azúcar refinada
1 cucharada de mantequilla, fundida

Relleno
1.25kg de queso ricotta
½ taza de azúcar refinada
2 cucharadas de harina
125g de chocolate, en trocitos
2 cucharaditas de esencia de café
4 yemas de huevo
40g de chocolate, adicional
½ cucharadita de aceite vegetal

1 Para preparar la costra dulce, en un tazón cernir el harina y agregar la mantequilla; con los dedos, frotarla con el harina hasta que quede una pasta fina y con consistencia de migajas. Incorporar el azúcar. Agregar 3 cucharadas de agua fría y revolver con un cuchillo hasta formar una masa, añadiendo más agua de ser necesario. Sobre una superficie ligeramente enharinada, hacer una pelota. Con la mantequilla fundida, engrasar un molde redondo de 25cm. Con el rodillo, extender la masa y forrar el molde, dejando una orilla ⅔ más larga que la orilla del molde. Tapar y refrigerar mientras se prepara el relleno.

2 Relleno: Mezclar el queso, el azúcar, el harina y una pizca de sal. Incorporar el chocolate, la esencia de café y las yemas; revolver muy bien. Con una cuchara, vaciar sobre la costra fría. Refrigerar 30 minutos, o hasta que esté firme. Precalentar el horno a 180°C.

3 Poner el molde en una charola; hornear durante 1 hora, o hasta que esté firme. Dejar enfriar antes de separar los costados del molde. Fundir el chocolate adicional e incorporar el aceite. Con un tenedor, formar líneas delgadas con el chocolate sobre la tarta. Dejar enfriar por completo antes de partir.

NOTA

La tarta quizá se rompa durante el proceso de horneado, pero no será perceptible cuando se enfríe y quede decorada.

Con las yemas de los dedos fríos, frotar la mantequilla con el harina.

No amasar la pasta o se endurecerá, simplemente formar una pelota.

Mezclar el chocolate derretido con el aceite y formar líneas sobre la tarta.

Con un cuchillo, revolver las yemas de huevo con los ingredientes secos.

Poner las pasas con el jugo de naranja en un tazón, dejar que se suavicen.

Dividir la masa en dos para trabajarla con más facilidad. Con un cortador, hacer círculos.

Poner el relleno en el centro del círculo y doblar.

EMPANADITAS DE NUEZ Y FRUTA

Tiempo de preparación: 1 hora
+ tiempo para refrigerar
Tiempo de cocción: 20 minutos
Porciones: 40

2½ tazas de harina
165g de mantequilla, en trozos
½ taza de azúcar refinada
2 huevos y 1 yema, batidos
2 cucharaditas de jugo de limón
1 yema de huevo, ligeramente batida, adicional
1 cucharada de azúcar morena

Relleno de nuez y fruta
125g de higos secos
75g de pasas
2 cucharadas de jugo fresco de naranja
75g de nueces, finamente picadas
100g de almendras, tostadas y finamente picadas
2 cucharadas de mermelada
1½ cucharadas de ralladura de naranja
¼ de cucharadita de clavo, molido
1 cucharadita de canela, molida

1 Cernir el harina en un recipiente y frotar la mantequilla con los dedos. Añadir el azúcar, los huevos y la yema, revolver con un cuchillo; agregar suficiente jugo de limón para formar una masa. Hacer una pelota, cubrir con plástico adherente y refrigerar durante 30 minutos.

2 Relleno de nuez y fruta: Picar los higos, cubrir con agua hirviendo y dejar 15 minutos para que se ablanden. En un tazón, poner las pasas con el jugo de naranja y dejar 15 minutos para que se ablanden. Escurrir los higos y las pasas y mezclar en un recipiente con el resto de los ingredientes del relleno.

3 Precalentar el horno a 180°C. Cortar la masa a la mitad, así se trabajará más fácil; con el rodillo y sobre una superficie ligeramente enharinada, amasar cada mitad hasta lograr un grosor de 5mm y cortar círculos con un cortador de 8cm. Poner una cucharada del relleno en el centro de cada círculo, barnizar las orillas con agua y doblar para encerrar el relleno.

4 Colocar en una charola ligeramente engrasada, barnizar con la yema de huevo adicional y espolvorear con el azúcar morena. Hacer cortes en cada empanadita. Repetir el proceso con el resto de la masa y del relleno. Hornear durante 20 minutos, o hasta que se doren.

TARTA DE ALMENDRA Y LIMÓN

Tiempo de preparación: 40 minutos
+ tiempo para refrigerar
Tiempo de cocción: 1 hora
Porciones: 6-8

2 tazas de harina, cernida
¼ de taza de azúcar refinada
125g de mantequilla, ablandada
1 cucharadita de ralladura de limón
2 yemas de huevo

Relleno
350g de queso ricotta fresco, colado
⅓ de taza de azúcar refinada
3 huevos, bien batidos
1 cucharada de ralladura de limón
½ taza de almendras, finamente picadas
3 cucharadas de almendras, fileteadas
azúcar glass, para espolvorear

1 En un recipiente grande, mezclar el harina, el azúcar y una pizca de sal. Hacer un hueco en el centro y agregar la mantequilla, la ralladura y las yemas. Trabajar el harina con la yema de los dedos de una mano hasta formar una masa homogénea (añadir un poco más de harina, si es necesario). Envolver en plástico adherente y refrigerar durante 1 hora.

2 Relleno: Con la batidora eléctrica, batir el queso y el azúcar. Poco a poco, agregar los huevos, batiendo bien después de cada adición. Añadir la ralladura, sin dejar de batir para mezclar, e incorporar las almendras.

3 Precalentar el horno a 180°C. Con mantequilla fundida, engrasar un molde redondo, acanalado y hondo, de 20 cm. Sobre una superficie ligeramente enharinada, con el rodillo extender la masa y forrar el molde, quitando la masa que sobre. Vaciar el relleno y alisar la superficie; espolvorear con las almendras fileteadas y hornear de 55 minutos a 1 hora, o hasta que esté ligeramente dorado y cuajado.

4 Enfriar a temperatura ambiente y despegar con cuidado las orillas del molde. Servir a temperatura ambiente, o frío, y espolvorear con azúcar glass.

Para una costra perfecta, incorporar la masa con los dedos.

Agregar la ralladura de limón y batir para mezclar.

Con el rodillo, eliminar el exceso de masa.

PASTEL CON JARABE DE LIMÓN

Tiempo de preparación: 20 minutos
Tiempo de cocción: 45 minutos
Porciones: 8

1 taza de harina
3/4 de cucharadita de polvo para hornear
1/4 de cucharadita de bicarbonato de sodio
50g de mantequilla sin sal
1/2 taza de azúcar refinada
2 huevos
1/3 de taza de leche
3 cucharadas de almendras, molidas
2 cucharadas de ralladura de limón

Jarabe
100g de azúcar refinada
1/3 de taza de jugo de limón

1 Precalentar el horno a 180°C. Engrasar y forrar con papel encerado un molde redondo de 20cm. En un tazón, cernir el harina, el polvo para hornear, el bicarbonato y una pizca de sal.
2 En otro tazón, batir la mantequilla, el azúcar y los huevos hasta que estén ligeros y cremosos (puede parecer que la mezcla está cortada). Incorporar al harina y poco a poco agregar la leche, las almendras y la ralladura de limón. Con una cuchara, vaciar en el molde y hornear 30 ó 35 minutos, o hasta que el palillo salga limpio. Agujerar la parte superior del pastel con un palillo.
3 Jarabe: En una cazuela pequeña, poner el azúcar y el jugo de limón; calentar a fuego lento hasta que adquiera consistencia de jarabe; conservar caliente. Verter el jarabe en el pastel caliente. Dejar enfriar en una rejilla metálica y sacar del molde para servir.

Incorporar la mezcla de harina y agregar poco a poco la leche, las almendras y la ralladura de limón.

Con un palillo, agujerar el pastel para que absorba el jarabe.

Verter el jarabe en el pastel caliente para que lo absorba. Enfriar antes de desmoldar.

ROLLOS DE NUEZ Y MIEL

Tiempo de preparación: 25 minutos
Tiempo de cocción: 35 minutos
Porciones: 8

2 tazas de harina
¼ de taza de azúcar refinada
100g de mantequilla fría, en trozos
4 cucharadas de miel, tibia
3 cucharadas de almendras, picadas
3 cucharadas de nueces, picadas
1 cucharada de canela, molida
⅓ de taza de ralladura mixta
3 cucharadas de almendras y nueces, picadas, adicional

1 Precalentar el horno a 180°C. En un tazón, poner el harina, el azúcar y una pizca de sal. Frotar la mantequilla hasta que tenga consistencia de migajas. Agregar 2 ó 3 cucharadas de agua fría y mezclar con un cuchillo, hasta formar una masa. Hacer una pelota.

2 Partir la masa a la mitad y con el rodillo, extenderla en tiras de 40x10cm. Cortar los bordes con un cuchillo. Untar la masa con 3 cucharadas de miel y espolvorear con nuez, almendra, canela y ralladura. Enrollar y cortar los rollos en cuatro porciones. Colocar en una charola engrasada y forrada con papel encerado.

3 Glasear con el resto de la miel, espolvorear con las nueces y las almendras adicionales, hacer cortes diagonales en la parte superior. Hornear durante 35 minutos, o hasta que se doren. Servir tibios con crema batida y azúcar glass.

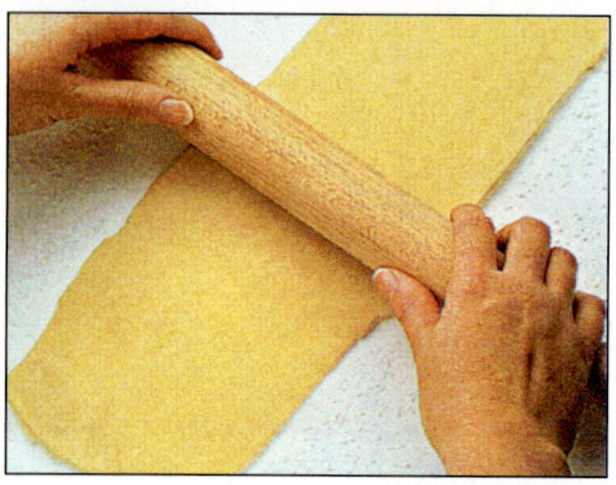

Con el rodillo, extender cada mitad de masa en tiras largas y angostas.

Untar miel, espolvorear con nuez, almendra, canela y ralladura; enrollar.

Espolvorear con nuez y almendra; hacer cortes diagonales en la parte superior.

CASSATA DE HELADO

Tiempo de preparación: 30 minutos + tiempo para refrigerar y toda la noche para congelar
Porciones: 8-10

250g de frutas caramelizadas (cerezas, chabacanos o piña), finamente picadas
1/3 de taza de almendras, finamente picadas
1/3 de taza de Cointreau u otro licor de naranja
2 litros de helado de vainilla de buena calidad, ligeramente ablandado
1 1/4 tazas de pistaches sin sal, pelados y finamente picados

1 Cubrir las frutas caramelizadas y las almendras con el licor y remojar durante 10 minutos. Meter al refrigerador un molde para pudín con capacidad para 9 tazas. Mientras se enfría, dividir en dos el helado ablandado e incorporar los pistaches a una mitad. Si el helado empieza a derretirse, volver a congelar hasta que tenga la firmeza suficiente para esparcir.

2 Cuando el molde esté muy frío, forrar 3/4 del mismo con una capa del helado con pistaches (de vez en cuando usar una cuchara humedecida en agua tibia para esparcirlo uniforme). Meter al congelador para que vuelva a endurecer.

3 Mezclar muy bien el resto del helado con las frutas cristalizadas ablandadas y las almendras. (Volver a congelar si el helado se ablandó y no puede esparcirse). Retirar el molde del congelador y con una cuchara incorporar a él el helado con la fruta. Alisar la superficie y congelar toda la noche, o hasta que esté duro.

4 Desmoldar en un platón frío y partir en rebanadas para servir.

NOTA

Puede conservarse congelado hasta 1 mes. Una manera sencilla de desmoldar el helado, es cubrir el molde con una toalla de cocina humedecida con agua caliente, remojando la toalla en agua caliente cuantas veces sea necesario hasta desmoldar el helado. Tratar de no derretir mucho la cassata.

Con un cuchillo afilado, partir finamente las frutas cristalizadas y las almendras.

Mezclar los pistaches con la mitad del helado ablandado.

Forrar el molde frío con el helado de pistache, usando una cuchara tibia para extenderlo.

Servir el helado de fruta en el centro y congelar para que quede firme.

GALLETAS

FLORENTINAS

Precalentar el horno a 180°C. Forrar una charola con papel encerado. En un tazón, cernir ¼ de taza de harina; agregar 2 cucharadas de nueces picadas, 2 cucharadas de almendras picadas, 2 cucharadas de cerezas glaseadas picadas; revolver. En un sartén, mezclar 75g de mantequilla y ¼ de taza de azúcar morena; mover a fuego lento hasta que la mantequilla se funda y el azúcar se disuelva; incorporar al tazón y revolver. Verter la mezcla en la charola a cucharadas, dejando 6cm de separación entre cada una, aplastar y formar círculos de 5cm. Hornear durante 7 minutos y dejar enfriar en la charola durante 5 minutos; despegar con cuidado y colocar en una rejilla metálica para enfriar por completo. Repetir el proceso con el resto de la masa. Untar un lado de cada florentina con chocolate oscuro fundido y dejar cuajar. Rinde 24 porciones.

PANFORTE

Precalentar el horno a 180°C. Engrasar con aceite o mantequilla fundida un molde redondo para pastel de 20cm, forrar la base con papel encerado. En un tazón grande, mezclar 100g de almendras fileteadas, 100g de nueces de macadamia picadas, 100g de nueces picadas, 1½ tazas de fruta seca diversa. Cernir ⅔ de taza de harina, 2 cucharadas de cocoa en polvo y 1 cucharadita de canela molida; agregar al tazón. En una cazuela pequeña, combinar 60g de mantequilla, 60g de trozos de chocolate oscuro, ⅓ de taza de azúcar refinada y ¼ de taza de miel; calentar a fuego lento hasta fundir y mezclar. Agregar a los ingredientes secos y revolver bien. Con una cuchara, vaciar en el molde y alisar la superficie. Hornear durante 50 minutos y dejar enfriar por completo en el molde. Desmoldar, espolvorear con azúcar glass y partir en rebanadas para servir. Rinde 25 porciones.

De izquierda a derecha: Florentinas, Panforte, Pastas de chocolate; Biscotes; Amarguillos

BISCOTES

Precalentar el horno a 160°C. Engrasar una charola grande y forrar con papel encerado. Con la batidora eléctrica, batir 3 huevos, 1 taza de azúcar refinada y 1 cucharadita de esencia de vainilla durante 2 minutos, o hasta que estén ligeras y espumosas. Cernir encima 2½ tazas de harina, ½ taza de polvo para hornear, 1 cucharadita de bicarbonato de sodio y 1 pizca de sal; agregar ¾ de taza de almendras tostadas. Mezclar con un cuchillo para obtener una masa suave. Dividir en 3 partes y formar tiras largas de 20 cm. Hornear en la charola durante 50 minutos; dejar enfriar en una rejilla metálica. Cortar las tiras en rebanadas finas, colocar en la charola y hornear 8 minutos de cada lado. Enfriar y servir. Rinde 50 porciones.

PASTAS DE CHOCOLATE

Precalentar el horno a 150°C y forrar 3 charolas con papel encerado. Mezclar 100g de trozos de chocolate oscuro con 100g de almendras picadas, ½ cucharadita de ralladura de naranja y ½ cucharadita de ralladura de limón. Batir 2 claras de huevo con 1 pizca de sal a punto de nieve. Poco a poco, añadir ½ taza de azúcar glass, batiendo bien después de cada adición, hasta que espese y esté brillante. Vaciar suavemente a la mezcla de almendras. Poner cucharaditas copeteadas de la mezcla en las charolas y aplastar para formar círculos de 5 cm. Hornear durante 20 minutos, hasta que estén crujientes y doradas. Dejar enfriar en las charolas. Rinde 30 porciones.

AMARETTIS

Forrar 2 charolas con papel encerado. En el procesador de alimentos, moler finamente 125g de almendras, pasar a un tazón y mezclar con ½ taza de azúcar refinada. Con el batidor manual, batir 1 clara de huevo hasta que esté espumosa y añadir casi toda a la mezcla de almendras; revolver hasta obtener una masa consistente pero suave para pasar por la duya (agregar más clara de ser necesario). Vaciar la mezcla en una duya con una boquilla grande en forma de estrella, y formar discos pequeños sobre las charolas con cierta separación entre ellos. Espolvorear un poco de azúcar glass y poner una almendra entera en el centro de cada pasta. Dejar destapadas durante 4 horas a temperatura ambiente. Precalentar el horno a 150°C y hornear durante 25 minutos, o hasta que se doren ligeramente; dejar enfriar en las charolas. Rinde 35 porciones.

Información útil

Guía de conversiones

1 taza	= 250 ml (8 fl oz)
1 cucharadita	= 5 ml
1 cucharada	= 20 ml (4 cucharaditas)
1 cucharada (Estados Unidos, Inglaterra)	= 15 ml (3 cucharaditas)

Nota: la medida de las cucharadas que usamos es de 20 ml; pero si tú utilizas la cucharada cuya medida es de 15 ml, la diferencia no se percibirá en la mayoría de las recetas. No obstante, las recetas en las que se requiere gelatina, bicarbonato de sodio y pequeñas cantidades de harina de maíz, añade una cucharadita extra de la especificada.

Medidas para sólidos

7 g	= ¼ oz	90 g	= 3 oz	250 g	= 8 oz
15 g	= ½ oz	100 g	= 3 ½ oz	300 g	= 10 oz
30 g	= 1 oz	125 g	= 4 oz	350 g	= 11 oz
40 g	= 1 ¼ oz	150 g	= 5 oz	400 g	= 12 oz
45 g	= 1 ½ oz	160 g	= 5 ½ oz	450 g	= 13 oz
50 g	= 1 ¾ oz	175 g	= 6 oz	500 g	= 1 lb
60 g	= 2 oz	200 g	= 6 ½ oz	1 kg	= 2 lb
75 g	= 2 ½ oz	225 g	= 7 oz	1.5 kg	= 3 lb

Medidas para líquidos

30 ml = 1 fl oz	185 ml = 6 fl oz
60 ml = 2 fl oz	200 ml = 6 ½ fl oz
80 ml = 2 ¾ fl oz	250 ml = 8 fl oz
100 ml = 3 ½ fl oz	375 ml = 12 fl oz
125 ml = 4 fl oz	500 ml = 16 fl oz
170 ml = 5 ½ fl oz	875 ml = 28 fl oz

Medidas lineales

1 cm	= ½ in
2.5 cm	= 1 in
3 cm	= 1 ¼ in
4 cm	= 1 ½ in
10 cm	= 4 in
18 cm	= 7 in

Conversiones

½ taza	=	125	ml	(líquidos)
½ taza	=	40	g	(sólidos)
⅓ taza	=	50	g	(sólidos)
⅓ taza	=	80	ml	(líquidos)
¼ taza	=	60	ml	(líquidos)
¼ taza	=	7	g	(sólidos)
⅔ taza	=	170	ml	
¾ taza	=	185	ml	(líquidos)
¾ taza	=	75	g	(sólidos)
1 taza	=	250	ml	
1 ½ tazas	=	375	ml	
1 ⅔ tazas	=	410	ml	
2 tazas	=	500	ml	
3 ½ tazas	=	875	ml	

Temperaturas de horno

Los tiempos de cocción pueden variar ligeramente según el tipo de horno que uses. Antes de que precalientes el horno, te sugerimos que consultes el instructivo para que controles bien la temperatura.

	°C	°F	Marca de gas
Muy bajo	120	250	½
Bajo	150	300	2
Tibio	170	325	3
Moderado	180	350	4
Moderado alto	190	375	5
Moderado alto	200	400	6
Alto	220	425	7
Muy alto	230	450	8

Nota: en caso de que tu horno tenga ventilador, consulta el manual de uso; pero por regla general, la temperatura se elige con 20°C menos de lo que se indica en la receta.

Medidas para hierbas

½	taza	=	15 g
⅓	taza	=	20 g
¾	taza	=	25 g
1 ¼	tazas	=	50 g